Annik Wecker

Geburtstags-
KUCHEN

Anniks großartige Torten
& kleine Überraschungen

Geburtstags-KUCHEN

Anniks großartige Torten & kleine Überraschungen

Text und Fotografie:
Annik Wecker

Inhalt

Vorwort   6

Kleine Überraschungen   **8**

Last-Minute-Kuchen   **26**

Einfach schön   **54**

Mit Liebe gebacken   **94**

Für Kinder   **130**

Anhang: Basiswissen Teige & Deko   164

Register   174

Liebe Leserinnen,
liebe Leser,

mit der Arbeit an diesem Buch habe ich schon vor vielen Jahren begonnen. Zunächst sollte es ein Buch mit Geburtstagskuchen ausschließlich für Kinder werden. Meine eigenen Kinder sind zwar mittlerweile fast erwachsen, aber damals habe ich die verrücktesten Kuchen für sie entworfen. Je nach »Lebensphase«, in der sie sich gerade befanden, wünschten sie sich die sonderbarsten Geburtstagstorten: Im Alter von vier Jahren dachte einer meiner Söhne, er sei Spiderman – da war natürlich eine Spinnentorte gefragt. Als er fest davon überzeugt war, Affe werden zu wollen, wenn er groß ist, musste es ein Kuchen in der Form eines Affen sein.

Dann folgte die Begeisterung für Weltraum, Piraten und Ritter – mit den entsprechenden Kuchenwünschen. Schwieriger wurde es dann, als eine König-Ludwig-Torte und ein Mozartkuchen »gefordert« wurden. Es hat mir immer viel Freude bereitet, meiner Kreativität bei diesen Wünschen freien Lauf zu lassen. Allerdings fand ich dann eine König-Ludwig-Torte doch zu speziell, um sie in ein (Kinder-) Kuchenbuch aufzunehmen. Daher habe ich mich nun nur in einem Kapitel den Kindern gewidmet und die Klassiker unter den Wünschen der Kleinen gebacken: von Feen über Hexen bis zu Clowns und Piraten ist alles dabei, was sich ein Geburtstagskind wünschen kann.

Da aber auch Erwachsene Geburtstag haben und sich nicht weniger über einen Kuchen an diesem besonderen Tag freuen, habe ich mich an die weiteren Kapitel gemacht. Nachdem ich vor einem Jahr an der «Cordon Bleu» die klassische französische Patisserie-Ausbildung absolviert habe, hatte ich besonders viel Spaß daran, aufwendige Torten zu backen und das Gelernte auszuprobieren und zu variieren. So entstand das Kapitel »Mit Liebe gebacken«. Die Torten darin verlangen zwar etwas mehr Zeit, aber der oder die Beschenkte werden das bestimmt zu schätzen wissen. Und sicher gibt es unter den BäckerInnen auch viele wie mich, die sich nicht nur am Ergebnis erfreuen, sondern auch viel Freude an der Zubereitung haben und sich dafür gerne Zeit nehmen.

Im Kapitel »Einfach schön« habe ich einige nicht ganz so aufwendige Kuchen und Torten zusammengestellt, die auch Anfänger ohne Probleme zubereiten können. Diese Geburtstagskuchen müssen deshalb natürlich nicht weniger lecker oder hübsch sein.

Und was natürlich in keinem Buch fehlen darf, sind Kuchen, die man auch in letzter Minute zaubern kann, denn selbst die leidenschaftlichste Bäckerin kann in Zeitnot geraten oder spontan entscheiden, dass sie der Freundin doch einen Kuchen zum Ehrentag backen möchte.

Natürlich sind auch viele, köstliche Kleinigkeiten immer ein wunderbarer Beitrag zum Kuchenbüfett. Daher finden Sie im Kapitel »Kleine Überraschungen« leckere Muffins, Cupcakes, Törtchen und Tartelettes aus Früchten und Schokolade.

Neben dem Kuchen selbst, der natürlich schmecken sollte, spielt bei Geburtstagskuchen die Dekoration eine große Rolle. Für mich ist es oft die größte Freude, dem fertigen Kuchen ein besonders tolles Aussehen zu verleihen. Mit Cremes (aus dem Spritzbeutel) können Kuchen und Torten wunderschön verziert werden, aber auch mit einfachen Zutaten wie frischen Früchten oder leckeren Süßigkeiten kann man jeden Kuchen zum Hingucker machen.

Ich habe mich bemüht, so viele Anregungen wie möglich zu geben, damit sich jeder das Passende für

»sein« Geburtstagskind heraussuchen kann. Dabei sind der Kreativität keine Grenzen gesetzt und die Dekorationen können variiert oder für andere Kuchen verwendet werden.

Die Kerzen geben dem Kuchen meistens den letzten Schliff, – aber es gibt auch andere Möglichkeiten, das Backwerk zu etwas Besonderem zu machen. Eine Girlande kann man ganz einfach aus etwas schönem Papier, zwei Holzspießen und einer Schnur basteln. Fähnchen oder kleine Schildchen, die liebevoll verziert werden, sind auch eine einfache, aber tolle Deko-Möglichkeit. Ich hatte das Glück, dass meine Freundin Johanna mich beim Basteln etwas unterstützt hat. Von ihr stammt auch die Kuchenschachtel auf Seite 173. Sie hat einen wunderschönen Blog (www.glitzerwunderland.de) und wer sich besonders fürs Basteln interessiert, findet dort noch unendlich viele weitere Anregungen.

Und nun wünsche ich Ihnen viel Spaß beim Backen, Verschenken und Naschen,

Ihre Annik Wecker

Kleine Überraschungen

Rübli-Cupcakes

1 12er-Muffinblech
12 Papierförmchen
1 Spritzbeutel, 12 mm Ø
  Sterntülle

Cupcakes
2 Eier
150 g Zucker
¼ TL gemahlene Vanille
120 g Mehl
2 gestrichene TL Backpulver
1 Prise Salz
1 TL gemahlener Ingwer
½ TL gemahlener Zimt
½ TL gemahlener Kardamom
100 ml Sonnenblumenöl
160 g Möhren, fein gerieben
60 g Walnüsse, gehackt

Dekoration
220 g Frischkäse, zimmerwarm
60 Puderzucker
160 g Sahne
Zuckerperlen
1 Möhre, grob geraspelt

1 Für die Muffins den Backofen auf 175 °C Ober-/Unterhitze vorheizen, das Muffinblech mit den Papierförmchen belegen. Die Eier mit Zucker und Vanille in einer Schüssel mit den Schneebesen des Handrührgeräts schaumig schlagen.

2 Das Mehl mit Backpulver, Salz, Ingwer, Zimt und Kardamom mischen und in die Eiermasse rühren. Dann Öl, Möhren und Walnüsse untermischen. Den Teig in die Muffinformen geben und im Ofen auf mittlerer Schiene 20–25 Minuten backen. Herausnehmen und abkühlen lassen.

3 Für die Dekoration Frischkäse und Puderzucker glatt rühren. Die Sahne steif schlagen und unterheben. Die Creme in den Spritzbeutel füllen und damit kleine Häubchen auf die Cupcakes aufspritzen. Falls die Creme zu weich ist, kurz in den Kühlschrank stellen. Zuletzt die Cupcakes mit Zuckerperlen und Möhrenraspeln verzieren.

Tipp: Sofern nicht anders angegeben, sind bei den Teigen immer Bio-Eier der Größe L verwendet worden.

Mini-Schokomuffins als Zahl

2 24er-Mini-Muffinbleche
48 Mini-Papierförmchen
1 Spritzbeutel, 12–13 mm Ø
 Lochtülle

Muffins
3 Eier
210 g Zucker
1 Prise Salz
¼ TL gemahlene Vanille
250 g Mehl
1 Päckchen Backpulver
30 g Kakaopulver
160 ml Sonnenblumenöl
250 g Schokotropfen

Dekoration
200 g Sahne
1 TL Kakaopulver
weiße Zuckerperlen

1 Für die Muffins den Backofen auf 180 °C Ober-/Unterhitze vorheizen, die Mini-Muffinbleche mit den Papierförmchen belegen. Die Eier mit Zucker, Salz und Vanille kurz mit einem Teigspatel oder den Schneebesen des Handrührgeräts verrühren und 150 ml Wasser untermischen.

2 Das Mehl mit Backpulver und Kakaopulver in eine Schüssel sieben und in drei Portionen unter die Eiermasse rühren. Zuletzt das Öl und die Schokotropfen unterheben. Den Teig mit einem Löffel in die Muffinformen geben und im Ofen auf mittlerer Schiene 12–15 Minuten backen. Herausnehmen und abkühlen lassen.

3 Für die Dekoration die Sahne steif schlagen, das Kakaopulver sieben und einrühren. Die Kakaosahne in den Spritzbeutel füllen und auf jeden Muffin einen Tupfen spritzen. Zuletzt die Mini-Muffins mit Zuckerperlen garnieren und die gewünschte Geburtstagszahl daraus setzen.

Tipp: Sie können den Teig auch in normalgroßen Muffinformen backen. Die Backzeit verlängert sich dann allerdings um 8–10 Minuten.

Zitronen-Cupcakes

1 12er-Muffinblech
12 Papierförmchen
1 Spritzbeutel, 12 mm Ø
 Lochtülle

Cupcakes
120 g weiche Butter
180 g Zucker
¼ TL gemahlene Vanille
2 Eier
200 g Mehl
1 ½ gestrichene TL Backpulver
¼ TL Salz
120 g Sauerrahm

Lemoncurd
3 Eier
150 g Zucker
abgeriebene Schale von
 1 Bio-Zitrone
80 ml Zitronensaft
60 g kalte Butter, in Würfeln

Dekoration
200 g Sahne
3 EL Limoncello (nach Belieben)
gelbe Zuckerperlen oder Zuckermimosen

1 Für die Cupcakes den Backofen auf 175 °C Ober-/Unterhitze vorheizen, das Muffinblech mit den Papierförmchen belegen. Die Butter mit Zucker und Vanille in einer Schüssel mit den Schneebesen des Handrührgeräts schaumig schlagen, dann die Eier untermischen.

2 Das Mehl mit Backpulver und Salz in eine Schüssel sieben und abwechselnd mit dem Sauerrahm in den Teig rühren. Den Teig in die Muffinformen geben und im Ofen auf mittlerer Schiene etwa 25 Minuten backen. Herausnehmen und abkühlen lassen.

3 Für den Lemoncurd Eier, Zucker, Zitronenschale und -saft in einer Metallschüssel mit einem Schneebesen verrühren. Die Schüssel auf dem köchelnden Wasserbad unter Rühren so lange erwärmen (auf ca. 75 °C), bis eine dickliche Creme entsteht. Vom Wasserbad nehmen und die Creme durch ein Sieb streichen, um geronnene Stückchen vom Ei zu entfernen. Dann die Butterwürfel einrühren, bis sie geschmolzen sind.

4 Die Oberfläche sofort mit Frischhaltefolie direkt auf der Creme abdecken oder mit Puderzucker besieben, damit sich keine Haut bildet. Anschließend abkühlen lassen.

5 Für die Dekoration mit einem Löffel oder Kugelausstecher aus den Muffins jeweils oben ein Loch ausstechen und mit etwas Lemoncurd füllen. Die Sahne steif schlagen (nach Belieben können Sie noch 3 EL Limoncello unter die Sahne heben), in den Spritzbeutel füllen und auf die Cupcakes spritzen. Zuletzt die Cupcakes mit Zuckerperlen oder Zuckermimosen verzieren.

Tipp: Übrigen Lemoncurd heiß in sterilisierte Gläser abfüllen, er hält sich so etwa 3 Wochen im Kühlschrank. Lemoncurd schmeckt als Brotaufstrich, auf Pfannkuchen, zu Eis oder als Füllung für andere Kuchen.

Apfel-Cupcakes

1 12er-Muffinblech
12 Papierförmchen
1 Spritzbeutel, 12 mm Ø
 Sterntülle

Cupcakes
120 g Mehl
1 TL gemahlener Zimt
¼ TL geriebene Muskatnuss
¼ TL gemahlene Vanille
1 gestrichener TL Natron
¼ TL Salz
2 Eier
140 g Zucker
2 TL Melasse
140 ml Sonnenblumenöl
300 g Apfelwürfel
100 g Walnüsse, grob gehackt

Dekoration
360 g Frischkäse, zimmerwarm
120 g Puderzucker
80 g weiche Butter
gemahlener Zimt

1 Für die Cupcakes den Backofen auf 175 °C Ober-/Unterhitze vorheizen, das Muffinblech mit den Papierförmchen belegen. Mehl, Zimt, Muskat, Vanille, Natron und Salz in eine Schüssel sieben. Eier, Zucker und Melasse in einer zweiten Schüssel mit den Schneebesen des Handrührgeräts schaumig schlagen.

2 Zuerst das Öl untermischen, dann die Mehlmischung einrühren. Zuletzt Äpfel und Walnüsse unter den Teig heben. Den Teig in die Muffinformen geben, im Ofen auf mittlerer Schiene 20–25 Minuten backen. Herausnehmen und abkühlen lassen.

3 Für die Dekoration Frischkäse und Puderzucker glatt rühren. Die weiche Butter in kleinen Portionen nach und nach einrühren. Die Creme in den Spritzbeutel füllen und dekorativ auf die Cupcakes spritzen. Zuletzt die Cupcakes mit etwas Zimt bestäuben. Nach Belieben mit echten kleinen Kerzen oder gebackenen Mürbeteigkerzen (siehe Seite 79) verzieren.

Mini-Mandelmuffins

1 24er-Mini-Muffinblech
20 Mini-Papierförmchen

120 g Butter
100 g gemahlene Mandeln
150 g Puderzucker
3 Eier
1 TL Honig
20 Sauerkirschen (aus dem Glas),
  abgetropft (nach Belieben)
Puderzucker zum Bestäuben

1 Für die braune Butter die Butter in einem Topf zerlassen und so lange kochen, bis sie goldbraun ist. Dann durch ein mit Küchenpapier ausgelegtes Sieb gießen, um die gebräunten Eiweißpartikel zu entfernen. Die braune Butter auffangen (ergibt etwa 80 g) und abkühlen lassen.

2 Den Backofen auf 180 °C Ober-/Unterhitze vorheizen, das Muffinblech mit den Papierförmchen belegen. Die Mandeln mit Puderzucker in eine Schüssel sieben. Die Eier einzeln mit dem Teigspatel untermischen, dann Honig und braune Butter einrühren.

3 Den Teig in 20 Muffinformen geben, nach Belieben je 1 Sauerkirsche hineindrücken und die Muffins im Ofen auf mittlerer Schiene 15–20 Minuten backen. Herausnehmen und abkühlen lassen. Zum Servieren mit Puderzucker bestäuben. Besonders nett sehen die Mini-Muffins aus, wenn zum Servieren auf jedem Muffin oben eine kleine Kerze steckt.

Tipp: Zur Garprobe von Rührteigen ein Holzstäbchen in den Kuchen stecken und wieder herausziehen. Wenn kein Teig mehr daran kleben bleibt, ist der Kuchen fertig.

Blumenwiese

1 Backblech, 35 × 40 cm
1 Ausstecher in Blütenform,
6–8 cm Ø

Mürbeteig
200 g kalte Butter, in Würfeln
100 g Puderzucker
330 g Mehl
¼ TL gemahlene Vanille
¼ TL Salz
1 Ei (Größe S)

Dekoration
etwa 30 Lolli- oder Eis-Stiele
150 g Konfitüre
400 g weiße Schokolade
weiße Zuckerschrift
Nonpareilles und Zuckerblüten
  (nach Belieben)

1 Aus den Zutaten wie auf Seite 166 beschrieben einen Mürbeteig zubereiten. Den Teig in Frischhaltefolie wickeln und mindestens 2 Stunden im Kühlschrank ruhen lassen.

2 Den Backofen auf 180 °C Ober-/Unterhitze vorheizen, das Backblech mit Backpapier belegen. Den Teig auf bemehlter Arbeitsfläche 3 mm dick ausrollen und etwa 60 Blüten ausstechen. Jeweils 1 Blüte auf das Backpapier setzen und 1 Lolli-Stiel darauflegen. Zuerst 1 Klecks Konfitüre daraufgeben, dann eine zweite Blüte darauflegen. Die Blumen im Ofen auf mittlerer Schiene 10–12 Minuten backen. Herausnehmen und abkühlen lassen.

3 Für die Dekoration die weiße Schokolade über dem heißen Wasserbad schmelzen und die Blüten-Lollis darin bis zum Stielansatz eintauchen. Die Schokolade etwas abschütteln, das Gebäck auf Backpapier legen und die Schokolade fest werden lassen. Nonpareilles und Zuckerperlen mit wenig Zuckerschrift auf den Blüten-Lollis festkleben. Zum Überreichen und Servieren die Blüten-Lollis in eine feste Unterlage stecken (siehe Tipp).

Tipp: Zum Präsentieren die Blüten-Lollis mit kleinen Schleifchen versehen und in mit grün gefärbter Buttercreme (Rezepte für Buttercreme siehe Seite 150) bestrichene Muffins stecken. Nebeneinander gestellt sehen sie dann aus wie eine wunderschöne Blumenwiese.

Fruchttartelettes mit Streuseln

**3 Tartelettes-Formen, 15 cm Ø
(alternativ 1 große Tarteform,
 28 cm Ø)**

Tartelettes
400 g Mehl
60 g gemahlene Mandeln
140 g Puderzucker
½ TL Salz
200 g kalte Butter, in Würfeln
1 Ei (Größe S)
500 g Zwetschgen

Streusel
60 g kalte Butter, in Würfeln
40 g Zucker
¼ TL gemahlene Vanille
¼ TL gemahlener Zimt

1 Für die Tartelettes Mehl, Mandeln, Puderzucker, Salz und Butter verrühren, bis krümelige Streusel entstanden sind. Die Hälfte der Krümel (etwa 400 g) in den Kühlschrank stellen. Restliche Krümel mit dem Ei zu einem Mürbeteig verarbeiten, in Frischhaltefolie wickeln und 2 Stunden im Kühlschrank ruhen lassen.

2 Den Backofen auf 200 °C Ober-/Unterhitze vorheizen. Den Teig aus dem Kühlschrank nehmen und kurz temperieren lassen. Dann die Formen jeweils mit einem Drittel des Teiges auskleiden und die Böden mit einer Gabel mehrmals einstechen. Die Zwetschgen waschen, halbieren, entsteinen und mit der Schnittfläche nach oben auf die Formen verteilen.

3 Für die Streusel die Krümel aus dem Kühlschrank mit den Streuselzutaten verkneten, bis gleichmäßige Streusel entstanden sind. Auf den Zwetschgen verteilen und die Tartelettes im Ofen auf mittlerer Schiene 30 Minuten backen. Herausnehmen und abkühlen lassen.

Tipp: Die Tartelettes schmecken auch mit anderen Früchten – wie zum Beispiel mit Aprikosen, Pfirsichen, Äpfeln oder Beeren. Wenn Sie lieber eine große Tarte backen, passen die Zutaten genau für eine Tarteform von 28 cm Durchmesser.

Käsekuchen-Muffins mit Karamell

1 12er-Muffinblech
12 Papierförmchen

Muffins
150 g Sirupwaffeln
30 g Butter, zerlassen

Käsemasse
450 g Frischkäse
110 g Zucker
1 EL Speisestärke
¼ TL gemahlene Vanille
1 Prise Salz
125 g Sauerrahm
2 Eier

Karamell
75 g brauner Zucker
25 g Butter
60 g Sahne
1 Prise Salz
1 EL Ahornsirup

1 Für die Muffins den Backofen auf 120 °C Ober-/Unterhitze vorheizen, das Muffinblech mit den Papierförmchen belegen. Die Sirupwaffeln im Mixer zermahlen und mit der zerlassenen Butter verrühren. Die Masse in die Papierförmchen geben und darin als Boden flach drücken.

2 Für die Käsemasse den Frischkäse mit Zucker, Stärke, Vanille, Salz und Sauerrahm verrühren. Die Eier dazugeben und möglichst kurz unterrühren. Die Masse in die Förmchen geben und die Muffins im Ofen auf mittlerer Schiene 45 Minuten backen. Herausnehmen und abkühlen lassen.

3 Für den Karamell einen großen Topf mit schwerem Boden mittelstark erhitzen und den Zucker nach und nach einstreuen, bis er karamellisiert (dabei zuerst nicht rühren). Die Butter dazugeben und schmelzen lassen, dann die restlichen Zutaten einrühren. Sollten noch feste Stückchen im Karamell sein, diese unter Rühren schmelzen. Den Karamell etwas abkühlen lassen (nicht zu stark, sonst wird er zu fest!) und auf den gebackenen Muffins verteilen.

Tipp: Der Karamell kann durch vorsichtiges Erwärmen jederzeit wieder verflüssigt werden.

Last-Minute-Kuchen

Schneller Zwetschgenkuchen

1 Springform, 20 cm Ø

1 Ei
200 g Zucker
¼ TL gemahlene Vanille
175 g Mehl
2 gestrichene TL Backpulver
¼ TL Salz
30 g gemahlene Mandeln
120 ml Sonnenblumenöl
120 g Joghurt
60 ml Amaretto
etwa 8 Zwetschgen
1 EL Rohrzucker
Butter für die Form
Puderzucker zum Bestäuben

1 Den Backofen auf 180 °C Ober-/Unterhitze vorheizen, die Springform einfetten. Das Ei mit Zucker und Vanille in einer Schüssel mit den Schneebesen des Handrührgeräts schaumig schlagen.

2 Das Mehl mit Backpulver und Salz in eine zweite Schüssel sieben und mit den Mandeln mischen. Öl, Joghurt und Amaretto in einer weiteren Schüssel verrühren und abwechselnd mit der Mehlmischung unter die Eimasse mischen. Den Teig in die Form geben.

3 Die Zwetschgen waschen, halbieren und entsteinen. Die Zwetschgenhälften mit der Schnittfläche nach oben auf dem Teig verteilen. Alles mit Rohrzucker bestreuen und den Kuchen im Ofen auf mittlerer Schiene 40 Minuten backen. Herausnehmen und abkühlen lassen. Zum Servieren mit Puderzucker bestäuben.

Tipp: Nach diesem Rezept können Sie ganz einfach auch andere Obstkuchen backen. Anstelle von Zwetschgen eignen sich genauso Äpfel oder Aprikosen – am besten ebenfalls halbiert auflegen –, Kirschen oder Beeren.

Blaubeerkuchen mit Zimtstreuseln

1 Springform, 20 cm Ø

Streusel
50 g Mehl
70 g Zucker
1 Prise Salz
½ TL gemahlener Zimt
60 g kalte Butter, in Würfeln

Rührteig
60 g weiche Butter
100 g Zucker
¼ TL gemahlene Vanille
1 Ei
130 g Mehl
1 gestrichener TL Backpulver
¼ TL Salz
80 ml Milch

Außerdem
300 g Blaubeeren
1 TL Speisestärke
Butter für die Form

1 Den Backofen auf 180 °C Ober-/Unterhitze vorheizen, die Springform einfetten. Für die Streusel das Mehl mit Zucker, Salz und Zimt mischen. Die Butter dazugeben und alles mit den Knethaken des Handrührgeräts rasch zu Streuseln verarbeiten.

2 Für den Rührteig die Butter mit Zucker und Vanille in einer Schüssel mit den Schneebesen des Handrührgeräts schaumig schlagen. Das Ei gut einrühren. Das Mehl mit Backpulver und Salz in eine zweite Schüssel sieben und abwechselnd mit der Milch in den Teig rühren. Dabei mit der Mehlmischung abschließen.

3 Die Blaubeeren mit der Stärke mischen. Den Teig in die Form geben und die Blaubeeren darauf verteilen. Die Streusel darüberstreuen und den Kuchen im Ofen auf mittlerer Schiene 60–70 Minuten backen. Herausnehmen und abkühlen lassen. Zum Servieren nach Belieben mit kleinen Kerzen bestücken.

Aprikosenkuchen mit Lavendel

1 Tarteform, 28 cm Ø

Rührteig
160 g weiche Butter
100 g Zucker
120 g Lavendelhonig
¼ TL gemahlene Vanille
4 Eier
240 g Mehl
3 gestrichene TL Backpulver
1 Prise Salz
600 g Aprikosen
Butter für die Form

Außerdem
Puderzucker zum Bestäuben
frische oder getrocknete
  Lavendelblüten (nach Belieben)

1 Den Backofen auf 175 °C Ober-/Unterhitze vorheizen, die Tarteform einfetten. Für den Rührteig die weiche Butter mit Zucker, Honig und Vanille in einer Schüssel mit den Schneebesen des Handrührgeräts schaumig schlagen. Die Eier einzeln gut untermischen. Das Mehl mit Backpulver und Salz in eine Schüssel sieben und nach und nach in den Teig rühren. Den Teig in die Form geben.

2 Die Aprikosen waschen, halbieren und entsteinen. Die Aprikosenhälften mit der Schnittfläche nach oben auf dem Teig verteilen und den Kuchen im Ofen auf mittlerer Schiene 45 Minuten backen. Herausnehmen und abkühlen lassen.

3 Den Aprikosenkuchen zum Servieren mit Puderzucker bestäuben und nach Belieben mit Lavendelblüten dekorieren. Dazu, falls nötig, die Blüten von den Stielen zupfen.

Schnelle Johannisbeertarte

1 Tarteform, 28 cm Ø

Mürbeteig
200 g kalte Butter, in Würfeln
80 g Puderzucker
250 g Mehl
¼ TL Salz
1 EL Melasse
Hülsenfrüchte zum Blindbacken

Füllung
2 Eier
80 g Zucker
400 g Crème fraîche
¼ TL gemahlene Vanille
400 g Johannisbeeren (oder
andere Beeren nach Belieben)

1 Für den Mürbeteig Butter, Puderzucker, Mehl und Salz in einer Schüssel rasch mischen. Die Melasse dazugeben und so lange weiterrühren, bis ein geschmeidiger Teig entstanden ist. Ist der Teig zu brüchig, 1 EL Milch oder Wasser dazugeben. Ist er zu weich, noch etwas Mehl hinzufügen. Den Teig in Frischhaltefolie wickeln und 2 Stunden im Kühlschrank ruhen lassen.

2 Den Backofen auf 200 °C Ober-/Unterhitze vorheizen. Den Teig aus dem Kühlschrank nehmen und kurz temperieren lassen. Dann die Form mit dem Teig auskleiden und die Hülsenfrüchte darauf verteilen. Den Boden im Ofen auf mittlerer Schiene wie auf Seite 166 beschrieben blindbacken. Herausnehmen und abkühlen lassen.

3 Für die Füllung Eier, Zucker, Crème fraîche und Vanille verrühren. Die Beeren von den Rispen zupfen und unterheben. Die Füllung auf dem Boden verteilen und die Tarte bei 175 °C Ober-/Unterhitze 40 Minuten backen. Die Füllung sollte dann gestockt sein, darf allerdings noch etwas wackeln. Die Tarte herausnehmen und abkühlen lassen.

Dattelkuchen mit Frischkäsecreme

1 Springform, 20 cm Ø

Rührteig
225 g Datteln, entsteint
1 gestrichener TL Natron
50 g weiche Butter
175 g Zucker
2 Eier
180 g Mehl
2 gestrichene TL Backpulver
1 Prise Salz
Butter für die Form

Dekoration
240 g Frischkäse, zimmerwarm
100 g Puderzucker
240 g Sahne
bunte Strohhalme und Zucker-
    blüten (nach Belieben)

1 Den Backofen auf 180 °C Ober-/Unterhitze vorheizen, die Springform einfetten. Für den Rührteig die Datteln hacken und in einem
Topf mit 240 ml Wasser aufkochen. Den Topf vom Herd nehmen
und das Natron einrühren. Alles abkühlen lassen.

2 Inzwischen Butter und Zucker in einer Schüssel mit den Schnee-
besen des Handrührgeräts schaumig schlagen. Die Eier einzeln
gut unterrühren. Das Mehl mit Backpulver und Salz in eine zweite
Schüssel sieben und abwechselnd mit den Datteln in den Teig rühren.
Den Teig in die Form geben und den Kuchen im Ofen auf mittlerer
Schiene 45 Minuten backen. Herausnehmen und abkühlen lassen.

3 Für die Dekoration den Frischkäse mit dem Puderzucker glatt
rühren. Die Sahne steif schlagen und unterheben. Den Kuchen
rundherum mit der Creme bestreichen. Zuletzt die Strohhalme
in den Kuchen stecken und mit den Blüten dekorieren.

Brombeerkäsekuchen ohne Backen

1 Springform, 20 cm Ø

Bröselboden
50 g Nüsse (nach Belieben),
  gehackt
50 g Butterkekse, zerkrümelt
  (siehe Tipp)
40 g Zartbitterschokolade,
  fein gehackt
40 g Butter, zerlassen

Belag & Creme
280 g Brombeeren
3 ½ Blatt Gelatine (siehe Tipp
  Seite 68)
250 g Frischkäse
75 g Zucker
75 ml Zitronensaft
75 g Sahne

1 Für den Bröselboden Nüsse, Butterkekse und Schokolade mischen und mit der zerlassenen Butter verrühren. Den Boden der Springform mit Backpapier belegen und die Masse darin glatt streichen, das geht am besten mit einem Löffelrücken.

2 Für den Belag 200 g Brombeeren auf dem Boden verteilen, die restlichen Brombeeren pürieren. Die Gelatine in reichlich kaltem Wasser einweichen. Den Frischkäse mit dem Zucker glatt rühren. Den Zitronensaft erwärmen (nicht kochen!) und die ausgedrückte Gelatine darin auflösen. 1 EL Gelatinemischung mit dem Beerenpüree verrühren und beiseitestellen. Erst einige Löffel Frischkäsemasse in die restliche Gelatinemischung rühren, dann die Gelatinemischung unter die übrige Frischkäsemasse mischen. Zuletzt die Sahne steif schlagen und unterheben.

3 Die Creme auf den Brombeeren verteilen. Das Beerenpüree daraufgeben und so mit der Creme verrühren, dass eine schöne Marmorierung entsteht. Den Kuchen im Kühlschrank 3 Stunden fest werden lassen. Zum Servieren aus der Springform nehmen und auf eine Kuchenplatte setzen.

Tipp: Kekse zum Zerkrümeln am besten in einen Gefrierbeutel geben und mit dem Nudelholz zerkleinern. Oder in der Küchenmaschine zermahlen.

Schneckenkuchen

1 Tarteform, 26 cm Ø

Hefeteig
350 g Mehl
½ Würfel frische Hefe (21 g)
100 ml lauwarme Milch
2 Eier
30 g Zucker
40 g Butter, zerlassen
1 Prise Salz

Außerdem
20 g Butter, zerlassen
100 g Pflaumenmus
1 Ei, verquirlt (siehe Tipp)
40 g Puderzucker
1–2 TL Milch

1 Für den Hefeteig das Mehl in eine Schüssel geben und eine Mulde in die Mitte drücken. Die Hefe hineinbröckeln und die Milch darübergießen. Mit etwas Mehl vom Rand zu einem Vorteig verrühren, bis die Hefe sich aufgelöst hat. An einem warmen Ort mit einem sauberen Küchentuch zugedeckt 15 Minuten gehen lassen.

2 Dann Eier, Zucker, zerlassene Butter und Salz zum Vorteig geben. Alles mit den Knethaken des Handrührgeräts oder der Küchenmaschine zu einem geschmeidigen Teig kneten. Den Teig an einem warmen Ort zugedeckt 1–2 Stunden gehen lassen, das Volumen sollte sich dabei verdoppeln.

3 Den Teig auf der bemehlten Arbeitsfläche zu einem Rechteck von 42 × 32 cm Größe ausrollen, mit zerlassener Butter bestreichen und das Pflaumenmus darauf verteilen. Die Teigplatte von der kürzeren Seite her aufrollen und mit einem geriffelten Messer in 2 cm breite Schnecken schneiden. Die Schnecken nebeneinander in die Form setzen und zugedeckt nochmals 20 Minuten gehen lassen.

4 Den Backofen auf 180 °C Ober-/Unterhitze vorheizen. Den Kuchen mit dem verquirlten Ei bestreichen und im Ofen auf mittlerer Schiene 30 Minuten backen. Herausnehmen und abkühlen lassen. Für den Guss Puderzucker und Milch glatt rühren und in Linien über dem Kuchen verteilen.

Tipp: Damit sich das Ei gut verstreichen lässt, am besten nach dem Verquirlen noch durch ein Sieb gießen. So löst sich das Eiklar ganz auf.

Nusszopf in Zahlenform

1 Backblech, 35 × 45 cm

Hefeteig
500 g Mehl
1 Würfel frische Hefe (42 g)
150 ml lauwarme Milch
1 Ei
80 g Zucker
60 g Butter, zerlassen
¼ TL gemahlene Vanille
¼ TL Salz

Füllung
150 g gemahlene Haselnüsse
150 g Marzipanrohmasse
40 g Zucker
100 g Sahne
½ TL gemahlener Zimt

Außerdem
1 Ei, verquirlt (siehe Tipp
   Seite 41)
Puderzucker zum Bestäuben

1 Aus den Zutaten wie auf Seite 169 beschrieben einen Hefeteig zubereiten. Den Teig an einem warmen Ort zugedeckt 1–2 Stunden gehen lassen, das Volumen sollte sich dabei verdoppeln.

2 Den Backofen auf 180 °C Ober-/Unterhitze vorheizen. Für die Füllung alle Zutaten im Blitzhacker verrühren. Den Teig auf der bemehlten Arbeitsfläche zu einem Rechteck von 50 × 30 cm Größe ausrollen, längs halbieren und beide Teigstreifen mit der Nussfüllung bestreichen. Dabei jeweils an einem Längsrand etwa 2 cm frei lassen und diesen mit Wasser bestreichen.

3 Die Teigplatten jeweils von der anderen Längsseite her (der nicht mit Wasser bestrichenen) aufrollen und das bestrichene Ende fest andrücken. Die Rollen jeweils in der Mitte längs halbieren und die beiden Hälften zu einem Zopf umeinanderschlingen, die Füllung sollte dabei möglichst oben sein.

4 Aus den Zöpfen zwei Kreise formen und auf dem Blech zu einer Acht zusammensetzen (oder andere Zahlen formen). Die Zahl mit dem verquirlten Ei bestreichen. Den Zopf im Ofen auf mittlerer Schiene 40 Minuten backen. Sollte er zu dunkel werden, nach 25–30 Minuten mit Alufolie abdecken. Herausnehmen und abkühlen lassen. Zum Servieren nach Belieben mit etwas Puderzucker bestäuben.

Tipp: Sie können aus den Nusszöpfen auch andere Zahlen legen, am besten jedoch nur eine Zahl. Für zweistellige Zahlen die doppelte Menge zubereiten und auf zwei Blechen backen.

Pithiviers – gedeckter Blätterteigkuchen

1 Backblech, 35 × 45 cm
1 Springform, 24 cm Ø
gewünschte Ausstecher in Zahlenform

Füllung
100 g weiche Butter
100 g Zucker
100 g gemahlene Mandeln
1 Ei
1 Eigelb
1 EL Speisestärke
1 TL Rum

Außerdem
2 Rollen Blätterteig (aus dem Kühlregal)
1 Ei, verquirlt (siehe Tipp Seite 41)

1 Für die Mandelfüllung Butter und Zucker mit einem Teigspatel verrühren. Erst die Mandeln einrühren, dann Ei und Eigelb untermischen. Zum Schluss Stärke und Rum einrühren.

2 Den Blätterteig ausrollen und zwei Kreise (à 26–28 cm Ø, oder eine Blumenform) ausschneiden, die Teigreste beiseitestellen. Einen Teigkreis auf das Blech setzen und die Mandelfüllung aufstreichen, dabei einen etwa 1 cm breiten Rand frei lassen.

3 Den Teigrand mit dem verquirlten Ei bestreichen und den zweiten Kreis daraufsetzen. Die Teigränder fest andrücken (am besten mit dem Rand der Springform). Die Oberseite des Kuchens mit verquirltem Ei bestreichen und 1 Stunde in den Kühlschrank stellen.

4 Den Backofen auf 230 °C Ober-/Unterhitze vorheizen. Den Kuchen aus dem Kühlschrank nehmen und nochmals oben mit Ei bestreichen. Aus den Teigresten Zahlen ausstechen und den Kuchen damit verzieren. Die Zahlen ebenfalls mit Ei bestreichen. Den Kuchen im Ofen auf mittlerer Schiene 10 Minuten backen. Dann die Hitze auf 200 °C reduzieren und den Kuchen weitere 15 Minuten backen. Herausnehmen und abkühlen lassen.

Brownie-Kuchen

**1 quadratische Backform,
20 cm Seitenlänge
Papierschablone für die
gewünschte Zahl**

200 g Zartbitterschokolade
  (58 % Kakaoanteil)
160 g Butter
2 Eier
240 g Zucker
1 Prise Salz
¼ TL gemahlene Vanille
80 g Sahne
80 g Mehl
100 g Walnüsse
Puderzucker zum Bestäuben

1 Den Backofen auf 190 °C Ober-/Unterhitze vorheizen. Die Backform mit Backpapier auslegen, dafür das Backpapier passend zuschneiden. Für den Teig Schokolade und Butter über dem heißen
Wasserbad schmelzen und wieder etwas abkühlen lassen.

2 Die Eier mit Zucker, Salz und Vanille in einer Schüssel mit den
Schneebesen des Handrührgeräts hellgelb cremig schlagen. Die
Schokoladenmischung in die Eiermasse rühren, dann die Sahne
untermischen. Das Mehl darübersieben und ebenfalls einrühren.
Zuletzt die Walnüsse hacken und unter den Teig heben.

3 Den Teig in die Form geben und im Ofen auf mittlerer Schiene
20 Minuten backen. Herausnehmen und abkühlen lassen. Den
Kuchen auf eine Kuchenplatte setzen, die Papierschablone auflegen und den Kuchen mit Puderzucker bestäuben. Nimmt man die
Schablone ab, wird die Zahl sichtbar.

Tipp: Schneiden Sie den
Brownie-Kuchen erst zum
Essen in die typischen Würfel,
sonst erkennt das Geburtstagskind seine Zahl nicht sofort.

Schneller Marmorgugelhupf

1 Gugelhupfform,
 2½–3 l Inhalt
(alternativ für 2 Formen,
 à 1–1½ l Inhalt)

Heller Rührteig
300 ml Sonnenblumenöl
300 g Joghurt
6 Eier
300 g Zucker
¼ TL gemahlene Vanille
400 g Mehl
100 g Speisestärke
5 gestrichene TL Backpulver
¼ TL Salz
Butter für die Form

Dunkler Rührteig
3 EL Kakaopulver
2 EL Milch
2 EL Zucker

Außerdem
Puderzucker zum Bestäuben

1 Den Backofen auf 175 °C Ober-/Unterhitze vorheizen, die Gugelhupfform einfetten. Für den hellen Rührteig das Öl mit dem Joghurt verrühren. Eier, Zucker und Vanille in einer Schüssel mit den Schneebesen des Handrührgeräts schaumig schlagen. Mehl, Stärke, Backpulver und Salz in eine zweite Schüssel sieben und abwechselnd mit der Joghurt-Öl-Mischung in die Eiermasse rühren.

2 Zwei Drittel des hellen Teiges in die Form geben. Für den dunklen Rührteig Kakao, Milch und Zucker unter das übrige helle Teigdrittel rühren und dieses auf den hellen Teig geben. Mit einer Gabel durch beide Teige ziehen, sodass eine Marmorierung entsteht.

3 Den Kuchen im Ofen auf unterer Schiene 60–70 Minuten backen (Garprobe siehe Seite 19). Den Kuchen aus dem Ofen nehmen, etwas abkühlen lassen und aus der Form stürzen. Dann auf einem Kuchengitter vollständig abkühlen lassen.

4 Zum Servieren mit Puderzucker bestäuben. Alternativ können Sie den Gugelhupf mit 200 g flüssiger Schokoladenglasur vollständig überziehen (vor dem Servieren fest werden lassen).

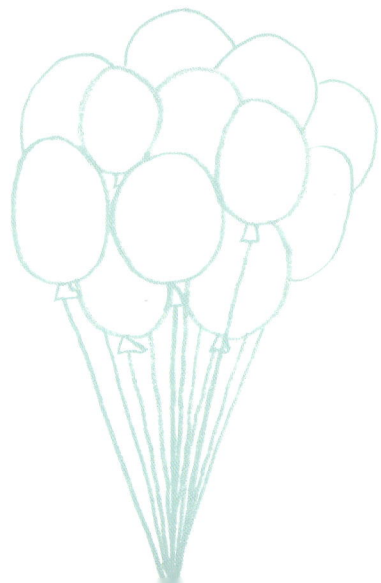

Oreo-Cheesecake

1 Springform, 20 cm Ø

Bröselboden
120 g Oreo-Kekse
2 EL Mehl
1 EL Kakaopulver
30 g Butter, zerlassen

Füllung
500 g Frischkäse
110 g Zucker
15 g Speisestärke
¼ TL gemahlene Vanille
¼ TL Salz
125 g Sahne
2 Eier
80 g Oreo-Kekse

Guss
200 g Sauerrahm
20 g Zucker
¼ TL gemahlene Vanille

1 Für den Bröselboden die Kekse zerkrümeln (siehe Tipp Seite 39), mit Mehl und Kakao mischen und mit der zerlassenen Butter verrühren. Den Boden der Springform mit Backpapier belegen und die Masse darin glatt streichen, das geht am besten mit einem Löffelrücken.

2 Den Backofen auf 120 °C Ober-/Unterhitze vorheizen. Für die Füllung Frischkäse, Zucker und Stärke glatt rühren. Erst Vanille, Salz und Sahne dazugeben, dann die Eier untermischen. Die Kekse in Viertel schneiden. Für den Sauerrahmguss alle Zutaten verrühren.

3 Die Hälfte der Füllung auf dem Bröselboden verteilen und die geviertelten Kekse daraufsetzen. Mit der übrigen Füllung abdecken. Den Kuchen im Ofen auf mittlerer Schiene 65 Minuten backen. Er darf sich dann in der Mitte noch etwas bewegen, wenn Sie gegen die Form stoßen. Der Kuchen wird später beim Abkühlen noch fester.

4 Den Kuchen herausnehmen, den Sauerrahmguss gleichmäßig darauf verteilen und den Kuchen weitere 5 Minuten backen. Herausnehmen und 3 Stunden abkühlen lassen, dabei möglichst nicht bewegen. Zum Servieren die Springform entfernen.

Tipp: Sie können den Kuchen auch im Wasserbad bei 175 °C Ober-/Unterhitze backen, dann bekommt er eine zartere Konsistenz. Dazu die Springform am Rand unten rundherum gut mit Alufolie abdichten und in die Fettpfanne des Backofens stellen. Diese mit heißem Wasser füllen. Den Kuchen erst 55 Minuten backen, dann den Guss aufstreichen und den Kuchen in 5 Minuten fertig backen.

Cheesecake mit weißer Schokolade

1 Springform, 20 cm Ø

Bröselboden
75 g weiße Schokolade
1 ½ EL Butter
75 g Nussnougatcreme
40 g Cornflakes
75 g Mandelblättchen

Füllung
180 g weiße Schokolade
75 g Crème fraîche
450 g Frischkäse
60 g Zucker
¼ TL gemahlene Vanille

Dekoration
etwas rosa und weiße Schokolade

1 Für den Bröselboden weiße Schokolade, Butter und Nussnougatcreme über dem heißen Wasserbad schmelzen. Cornflakes und Mandelblättchen grob zerkrümeln (siehe Tipp Seite 39) und in die Schokoladenmischung rühren.

2 Den Boden der Springform mit Backpapier belegen und die Masse darin glatt streichen, das geht am besten mit einem Löffelrücken. Im Kühlschrank fest werden lassen.

3 Für die Füllung die weiße Schokolade mit der Crème fraîche über dem heißen Wasserbad schmelzen und wieder etwas abkühlen lassen. Frischkäse, Zucker und Vanille glatt rühren und die Schokoladenmasse untermischen. Die Creme auf dem Bröselboden verteilen und die Torte im Kühlschrank 2 Stunden fest werden lassen.

4 Zum Servieren die Springform entfernen und den Cheesecake auf eine Kuchenplatte setzen. Zuletzt beide Schokoladensorten mit einem Sparschäler über den Kuchen raspeln.

Tipp: Der Cheesecake und der Brombeerkäsekuchen (siehe Seite 38) sind besonders praktisch, weil man sie nicht backen muss. Sie müssen zwar einige Zeit im Kühlschrank stehen, aber dafür kann man sie schon am Vortag zubereiten.

Einfach schön

Mojito-Biskuitrolle

1 Backblech, 35 × 45 cm

Wiener Biskuit
30 g Mehl
25 g Speisestärke
4 Eier
105 g Zucker
abgeriebene Schale von
  1 Bio-Limette
etwa 20 schöne, große Minzeblätter

Sirup & Füllung
30 g Zucker
3 EL weißer Rum
3 Blatt Gelatine (siehe Tipp
  Seite 68)
250 g Joghurt
abgeriebene Schale von
  2 Bio-Limetten
4 Minzestiele, Blätter abgezupft
  und fein geschnitten
40 g Rohrzucker
35 ml Limettensaft (von etwa
  2 Limetten)
125 g Sahne

1 Für den Wiener Biskuit den Backofen auf 180 °C Ober-/Unterhitze vorheizen, das Backblech mit Backpapier belegen. Das Mehl mit der Stärke in eine Schüssel sieben. 2 Eier trennen. Eigelbe, übrige 2 Eier, 75 g Zucker und Limettenschale unter Rühren auf dem heißen Wasserbad etwa 5 Minuten hellcremig schlagen. Vom Wasserbad nehmen und kalt schlagen. Die Eiweiße steif schlagen, dabei den übrigen Zucker nach und nach einrieseln lassen. Weiterschlagen, bis ein fester, glänzender Eischnee entstanden ist. Erst die Mehlmischung unter die Eigelbmasse ziehen, dann den Eischnee unterheben.

2 Die Minzeblätter mit der Oberseite nach unten auf dem Blech verteilen und die Masse darüber glatt verstreichen. Den Biskuit im Ofen auf mittlerer Schiene 15–20 Minuten backen. Herausnehmen und mit dem Backpapier auf ein feuchtes Küchentuch ziehen, damit der Biskuit formbar bleibt. Dann abkühlen lassen.

3 Für den Sirup 70 ml Wasser und Zucker erwärmen, bis sich der Zucker aufgelöst hat. Abkühlen lassen und 1 EL Rum einrühren. Für die Füllung Gelatine in reichlich kaltem Wasser einweichen. Joghurt mit Limettenschale, Minze, übrigem Rum und Rohrzucker verrühren. Limettensaft erwärmen (nicht kochen!) und die ausgedrückte Gelatine darin auflösen. Erst einige Löffel Joghurtmasse einrühren, dann die Gelatinemischung unter die übrige Joghurtmasse mischen. Die Füllung etwa 15 Minuten kühl stellen, bis sie zu gelieren beginnt. Dann die Sahne steif schlagen und unterheben.

4 Den Boden umdrehen und das Backpapier abziehen. Biskuitplatte wieder wenden und die Ränder bei Bedarf begradigen. Den Boden mit Sirup bestreichen. Die Füllung auf der Biskuitplatte verteilen und den Biskuit von der breiten Seite her aufrollen. Die Biskuitrolle auf eine Kuchenplatte setzen und im Kühlschrank mindestens 1 Stunde fest werden lassen.

Schoko-Vanille-Mandelkuchen

**1 Rehrückenform, 24 cm lang
(ersatzweise 1 Kastenform)**

Heller Rührteig
130 g weiche Butter
110 g Puderzucker
¼ TL gemahlene Vanille
2 Eier
3 Eigelb
130 g gemahlene Mandeln
30 g Mehl
1 EL Rum (nach Belieben)
Butter für die Form

Dunkle Masse
3 Eiweiß
60 g Zucker
50 g Puderzucker
20 g Kakaopulver
25 g Mehl
110 g gemahlene Mandeln

Dekoration
150 g Schokolade
150 g Sahne
50 g Glukosesirup (siehe Tipp)
6–8 Scholadentäfelchen

1 Den Backofen auf 175 °C Ober-/Unterhitze vorheizen. Die Form einfetten oder mit Backpapier auslegen. Für den hellen Rührteig Butter, Puderzucker und Vanille schaumig schlagen. Die Eier und die Eigelbe einzeln gut einrühren. Zuletzt Mandeln, gesiebtes Mehl und Rum (nach Belieben) untermischen.

2 Für die dunkle Masse die Eiweiße steif schlagen, dabei den Zucker einrieseln lassen und weiterschlagen, bis ein glänzender Eischnee entstanden ist. Puderzucker, Kakao und Mehl in eine Schüssel sieben, mit den Mandeln mischen und unter den Eischnee heben.

3 Den hellen Teig in die Form geben und die dunkle Masse darüber verteilen. Den Kuchen im Ofen auf mittlerer Schiene 60–70 Minuten backen. Herausnehmen und abkühlen lassen. Den Kuchen aus der Form nehmen, bei Bedarf oben begradigen und umgedreht auf ein Gitter mit einem Teller darunter setzen.

4 Für die Glasur die Schokolade hacken, die Sahne aufkochen und über die Schokolade gießen. 1 Minute warten, dann alles verrühren, bis die Schokolade geschmolzen ist. Glukose einrühren und die Masse durch ein Sieb gießen, um mögliche Luftblasen zu entfernen. Den Kuchen mit der Glasur gleichmäßig überziehen (sie sollte dazu eine Temperatur von 32–35 °C haben). Schokoladentäfelchen in Stücke brechen und rundherum am unteren Rand des Kuchens auf die Glasur drücken. Kurz abkühlen lassen und zum Servieren auf eine Kuchenplatte setzen.

Tipp: Glukosesirup, auch Bonbonsirup genannt, ist über den Fachhandel oder das Internet erhältlich. Er sorgt dafür, dass die Schokoladenglasur schön weich bleibt.

Kokoskuchen mit Lemoncurd

2 Springformen, 20 cm Ø
Papierschablone in Herzform

Rührteig
160 g weiche Butter
200 g Zucker
3 Eier
160 g Mehl
2 gestrichene TL Backpulver
½ TL Salz
30 g Kokosraspel
160 ml Kokosmilch
Butter für die Form

Lemoncurd
1 Ei
50 g Zucker
abgeriebene Schale von
    ½ Bio-Zitrone
30 ml Zitronensaft
20 g kalte Butter, in Würfeln

Creme
120 g weiche Butter
¼ TL gemahlene Vanille
100 g Puderzucker
240 g Frischkäse, zimmerwarm
2 EL Kokosmilch

Außerdem
Lebensmittelfarbe (nach
    Belieben)
etwa 100 g Kokosraspel

1 Den Backofen auf 175 °C Ober-/Unterhitze vorheizen, die Springformen einfetten. Für den Rührteig Butter und Zucker schaumig schlagen. Die Eier einzeln gut einrühren. Mehl, Backpulver und Salz in eine zweite Schüssel sieben und mit Kokosraspeln mischen. Die Mehlmischung abwechselnd mit der Kokosmilch unter den Teig rühren, dabei mit der Mehlmischung abschließen. Den Teig in den beiden Formen verteilen und im Ofen auf mittlerer Schiene 25 Minuten backen. Herausnehmen und abkühlen lassen.

2 Für den Lemoncurd Ei, Zucker, Zitronenschale und -saft in einer Metallschüssel mit einem Schneebesen verrühren. Die Schüssel auf dem köchelnden Wasserbad so lange erwärmen (auf ca. 75 °C), bis eine dickliche Creme entsteht. Vom Wasserbad nehmen und durch ein Sieb streichen, um geronnene Stückchen vom Ei zu entfernen. Die Butterwürfel mit dem Schneebesen einrühren, bis die Butter geschmolzen ist. Den fertigen Lemoncurd abkühlen lassen.

3 Für die Creme die Butter mit Vanille und Puderzucker in einer Schüssel mit den Schneebesen des Handrührgeräts schaumig schlagen. Erst den Frischkäse nach und nach einrühren, dann die Kokosmilch untermischen.

4 Beide Böden waagerecht halbieren. Den ersten Boden auf eine Kuchenplatte setzen und mit einem Drittel des Lemoncurds bestreichen. Den zweiten auflegen und wieder mit Lemoncurd bestreichen, mit dem dritten Boden ebenso verfahren. Den letzten Boden auflegen. Die Torte rundherum mit der Creme bestreichen und mit Kokosraspeln bestreuen. Etwas Lebensmittelfarbe mit 1 TL Wasser verrühren, einige Kokosraspel einrühren und mithilfe einer Papierschablone als Herz auf die Torte streuen.

Variante: Alternativ können Sie auch eine passende Zahl anstelle eines Herzens aus rosa Kokosraspeln aufstreuen.

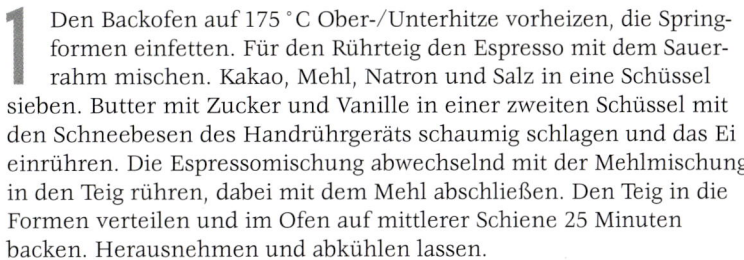

Karamelltorte

2 Springformen, 20 cm Ø
1 Tortenring

Rührteig
140 ml Espresso, abgekühlt
60 g Sauerrahm
50 g Kakaopulver
100 g Mehl
1 gestrichener TL Natron
¼ TL Salz
100 g weiche Butter
120 g Zucker
¼ TL gemahlene Vanille
1 Ei (Größe S)
Butter für die Form

Creme
5 Blatt Gelatine (siehe Tipp
   Seite 68)
450 g Sahne
150 g Zucker
6 Eigelb
300 ml Milch

Dekoration
bunte Esspapierblüten

1 Den Backofen auf 175 °C Ober-/Unterhitze vorheizen, die Springformen einfetten. Für den Rührteig den Espresso mit dem Sauerrahm mischen. Kakao, Mehl, Natron und Salz in eine Schüssel sieben. Butter mit Zucker und Vanille in einer zweiten Schüssel mit den Schneebesen des Handrührgeräts schaumig schlagen und das Ei einrühren. Die Espressomischung abwechselnd mit der Mehlmischung in den Teig rühren, dabei mit dem Mehl abschließen. Den Teig in die Formen verteilen und im Ofen auf mittlerer Schiene 25 Minuten backen. Herausnehmen und abkühlen lassen.

2 Für die Creme Gelatine in reichlich kaltem Wasser einweichen. 200 g Sahne erwärmen. 100 g Zucker karamellisieren, dazu einen Topf erwärmen und den Boden mit etwas Zucker bedecken. Sobald der Zucker geschmolzen ist, nach und nach den restlichen Zucker einstreuen, dabei zunächst nicht rühren. Sobald der gesamte Zucker karamellisiert ist, die warme Sahne zugießen. Alles so lange unter Rühren kochen, bis sich alle fest gewordenen Stücke wieder aufgelöst haben.

3 Eigelbe mit dem restlichen Zucker (50 g) glatt rühren. Die Milch zur Karamellsahne geben, alles aufkochen und unter Rühren in die Eigelbmasse gießen. Alles durch ein Sieb zurück in den Topf geben und erwärmen, bis es eindickt. Den Topf vom Herd nehmen und die ausgedrückte Gelatine darin auflösen. Mit Frischhaltefolie direkt auf der Creme auf Zimmertemperatur abkühlen lassen. Inzwischen die übrige Sahne (250 g) steif schlagen und unterheben.

4 Den ersten Boden auf eine Kuchenplatte setzen und den Tortenring außen herumspannen, dabei am Rand etwa ½ cm Platz lassen. Die Hälfte der Creme auf dem Boden verteilen, dabei auch den Rand gut ausfüllen. Den zweiten Boden auflegen, leicht andrücken und die restliche Creme darauf verteilen. Die Torte im Kühlschrank fest werden lassen. Zum Servieren mit den Esspapierblüten verzieren.

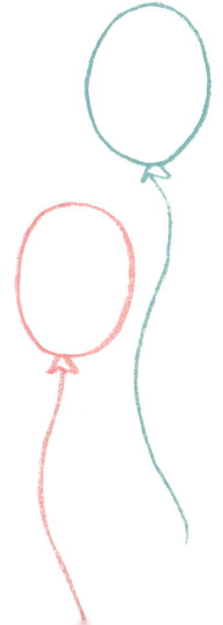

Tiramisu-Torte

1 Backblech, 35 × 45 cm
1 Spritzbeutel, 13 mm Ø
 Lochtülle
1 Tortenring

Biskuit
90 g Mehl
3 Eier
75 g Zucker
Puderzucker zum Bestäuben

Sirup & Creme
125 g Zucker
175 ml heißer Espresso
30 ml Amaretto
3 Blatt Gelatine (siehe Tipp
 Seite 68)
5 Eigelb
180 g Mascarpone
240 g Sahne

Außerdem
Kakaopulver zum Bestäuben
Schokoladentäfelchen

1 Für den Biskuit den Backofen auf 180 °C Ober-/Unterhitze vorheizen. Zwei Kreise (à 18 cm Ø) auf Backpapier zeichnen und das Papier umgedreht auf das Backblech legen. Für den Biskuit das Mehl in eine Schüssel sieben. Eier trennen. Eigelb kalt stellen. Eiweiße steif schlagen, dabei den Zucker nach und nach einrieseln lassen. Weiterschlagen, bis ein fester Eischnee entstanden ist. Dann Eigelbe einrühren und Mehl unterheben. Masse in den Spritzbeutel füllen, spiralförmig zwei geschlossene Kreise auf das Backpapier spritzen und mit Puderzucker bestäuben. Böden im Ofen auf mittlerer Schiene 12 Minuten backen, herausnehmen und abkühlen lassen.

2 Für den Sirup 3 EL Zucker im heißen Espresso verrühren, bis der Zucker sich aufgelöst hat. Abkühlen lassen und den Amaretto einrühren. Für die Creme die Gelatine in reichlich kaltem Wasser einweichen. Eigelbe in einer Schüssel mit den Schneebesen des Handrührgeräts schaumig schlagen. Den übrigen Zucker und 40 ml Wasser auf 117 °C erwärmen (siehe Tipp) und unter Rühren in das Eigelb gießen, dann alles kalt schlagen. Die ausgedrückte Gelatine in einem Topf so lange erwärmen, bis sie sich aufgelöst hat, dann nach und nach Mascarpone einrühren. Mascarponemischung unter die Eigelbmasse ziehen. Zuletzt Sahne steif schlagen und unterheben.

3 Den ersten Boden auf eine Kuchenplatte setzen und mit Espressosirup tränken. Den Tortenring außen herumspannen, dabei am Rand etwa ½ cm Platz lassen. Die Hälfte der Creme daraufgeben, dabei auch den Rand gut ausfüllen. Den zweiten Boden tränken, auflegen und mit der restlichen Creme abdecken. Die Torte im Kühlschrank 2 Stunden fest werden lassen. Zum Servieren den Tortenring entfernen und die Torte oben – und, falls gewünscht, an den Seiten – mit Kakaopulver bestäuben. Die Schokoladentäfelchen rundherum am Rand festdrücken. Die Torte bis zum Servieren kühl stellen.

Tipp: Der Sirup, der in Eiweiß oder Eigelb gegossen wird, sollte eine Temperatur von 117 °C haben. So erhält geschlagenes Eiweiß oder Eigelb die beste Konsistenz. Falls Sie kein Speisethermometer haben, können Sie den Sirup auch einmal aufkochen und etwa 1 Minute kochen lassen. Das Eiweiß wird auch bei 100–110 °C steif. Der Sirup sollte nur nicht zu heiß sein, sonst lässt er das Eiweiß oder Eigelb stocken und der Eischnee wird zu fest. (Bei dieser Temperatur werden auch Salmonellen abgetötet. Für Cremes sicherheitshalber ganz frische Eier verwenden!)

Kuppeltorte mit Früchten

**1 Kuppelform oder Schüssel,
16 cm Ø
1 Springform, 20 cm Ø
1 Spritzbeutel, 12–13 mm Ø
Lochtülle**

Creme
4 Blatt Gelatine (siehe Tipp
   Seite 68)
300 g Frischkäse
2 frische Eigelb
40 g Zucker
2 EL Zitronensaft
200 g Sahne

Baiserboden
70 g gemahlene Mandeln
30 g Puderzucker
100 g Eiweiß (von 3 Eiern, Größe S)
60 g Zucker

Außerdem
80 g Früchte nach Wahl (frisch
   oder TK)
2 EL Zucker

1 Für die Creme die Gelatine in reichlich kaltem Wasser einweichen. Frischkäse, Eigelbe und Zucker verrühren. Zitronensaft erhitzen und die ausgedrückte Gelatine darin auflösen. Erst einige Löffel Frischkäsemasse einrühren, dann die Gelatinemischung unter die übrige Frischkäsemasse ziehen. Die Sahne steif schlagen und unterheben. Die Creme in die Kuppelform füllen (siehe Tipp) und mindestens 3 Stunden tiefkühlen.

2 Für den Baiserboden den Backofen auf 170 °C Umluft vorheizen, den Boden der Springform mit Backpapier belegen. Mandeln und gesiebten Puderzucker mischen. Die Eiweiße steif schlagen, dabei den Zucker einrieseln lassen und weiterschlagen, bis ein glänzender Eischnee entstanden ist. Die Mandelmischung vorsichtig unterheben.

3 Die Masse in den Spritzbeutel füllen und auf dem Boden der Springform spiralförmig einen geschlossenen Kreis aufspritzen. An den Rändern ebenfalls nebeneinander etwa 4 cm breite Tupfen (bis zur ½–¾ Höhe des Randes) aufspritzen. Baiserboden im Ofen auf mittlerer Schiene 25 Minuten backen. Herausnehmen und abkühlen lassen.

4 Die Kuppel aus dem Tiefkühler nehmen und die Form mit einem Gasbrenner oder Feuerzeug erwärmen, sodass sich die Masse löst. Den Boden auf eine Kuchenplatte setzen und einige der Früchte darauf verteilen. Dann die Kuppel auf den Boden stürzen, mit dem Zucker bestreuen und diesen mit dem Gasbrenner leicht karamellisieren. Zuletzt die Kuppeltorte mit den restlichen Beeren verzieren.

Tipp: Man kann die Kuppelform auch mit Frischhaltefolie auslegen, dann lässt sich die Kuppel leicht herausheben. Außerdem reicht es so, sie nur gelieren zu lassen und nicht einzufrieren. Jedoch ist die Oberfläche dann nicht glatt, weil man die Falten von der Folie sieht. Die Kuppel lässt sich allerdings leichter auf den Boden legen, wenn sie gefroren ist.

Pannacotta-Torte

1 Springform, 20 cm Ø
1 Silikonform für Mini-
Herzen

Bröselboden
50 g Zartbitterschokolade
100 g Nussnougatcreme
100 g Cornflakes

Pannacotta
5 Blatt Gelatine (siehe Tipp)
350 g Sahne
150 g braune Butter (von 200 g
Butter, siehe Seite 19)
50 g Zucker

Himbeergelee
1 ½ Blatt Gelatine
150 g Himbeeren (frisch oder TK)
25 g Zucker
1 EL Zitronensaft

Außerdem
8 schöne, frische Himbeeren
Puderzucker zum Bestäuben

1 Für den Bröselboden Schokolade und Nussnougatcreme über dem heißen Wasserbad schmelzen. Cornflakes grob zerkrümeln (siehe Tipp Seite 39) und in die Schokoladenmischung rühren. Den Boden der Springform mit Backpapier belegen und die Masse darin glatt streichen, das geht am besten mit einem Löffelrücken.

2 Für die Pannacotta Gelatine in reichlich kaltem Wasser einweichen. Sahne, braune Butter und Zucker in einem Topf erhitzen, 1 Minute kochen lassen und vom Herd nehmen. Die ausgedrückte Gelatine darin auflösen. Alles abkühlen lassen, dabei zwischendurch immer wieder umrühren (nicht zu lange abkühlen lassen, die Masse sollte noch nicht gelieren!). Etwas Sahnemischung in 8 Mini-Herzformen gießen und 1 Stunde tiefkühlen. Die restliche Sahnemischung auf den Bröselboden gießen und im Kühlschrank fest werden lassen.

3 Für das Himbeergelee die Gelatine in etwas kaltem Wasser einweichen. Himbeeren mit Zucker, Zitronensaft und 1 EL Wasser kochen, bis sie zerfallen. Ausgedrückte Gelatine im Himbeermus auflösen und etwas abkühlen lassen.

4 Die gefrorenen Herzen aus der Form lösen und rundherum auf die Pannacotta-Torte setzen. Das Himbeergelee um die Herzen herum auf der Torte verteilen. Die Torte im Kühlschrank mindestens 1 Stunde vollständig fest werden lassen. Zum Servieren die Springform entfernen, 8 schöne Himbeeren mit Puderzucker bestäuben und zwischen die Herzen setzen.

Tipp: Gelatine sollte am besten in sehr kaltem Wasser eingeweicht werden. Idealerweise geben Sie ein paar Eiswürfel mit ins Wasser. Achten Sie dabei darauf, dass die Gelatineblätter nicht aneinanderkleben. Die Flüssigkeit, in der die eingeweichte Gelatine später aufgelöst wird, sollte warm sein (über 60 °C), aber nicht kochen. Um die aufgelöste Gelatine anschließend gut in der Creme zu verteilen, gibt man am besten erst etwas Creme zur Gelatine und rührt sie gleichmäßig ein. Dann gibt man diese Gelatinemischung zur restlichen Creme und rührt alles glatt.

Kirschstreuselkuchen

1 Springform, 26 cm Ø

Hefeteig
220 g Mehl
10 g frische Hefe
50 ml lauwarme Milch
1 Ei
40 g Zucker
40 g Butter, zerlassen
1 Prise Salz

Füllung
1 Päckchen Vanillepuddingpulver
60 g Zucker
250 ml Milch
200 g Marzipanrohmasse, in
   Würfeln
1 Glas Sauerkirschen (720 ml)

Streusel
350 g Mehl
220 g Zucker
¼ TL Salz
200 g kalte Butter, in Würfeln

1 Aus den Zutaten wie auf Seite 169 beschrieben einen Hefeteig zubereiten. Den Teig an einem warmen Ort zugedeckt 1 Stunde gehen lassen.

2 Für die Füllung die Hälfte des Puddingpulvers mit 2 TL Zucker und 3–4 EL kalter Milch glatt rühren. Restliche Milch mit dem Marzipan unter Rühren aufkochen und so lange rühren, bis sich das Marzipan aufgelöst hat. Angerührtes Puddingpulver einrühren und alles etwa 1 Minute unter Rühren kochen. Vom Herd nehmen, mit Frischhaltefolie direkt auf dem Pudding abdecken und abkühlen lassen.

3 Die Kirschen gut abtropfen lassen und 250 ml Kirschsaft auffangen. 3–4 EL Saft mit dem restlichen Puddingpulver und dem übrigem Zucker glatt rühren. Restlichen Kirschsaft aufkochen und die ange-rührte Puddingmischung einrühren. Unter Rühren 1 Minute kochen, vom Herd nehmen und die Kirschen untermischen. Mit Frischhaltefolie direkt auf den Kirschen abdecken und abkühlen lassen. Für die Streusel Mehl, Zucker und Salz mischen. Die Butter dazugeben und alles rasch zu Streuseln verarbeiten.

4 Den Backofen auf 200 °C Ober-/Unterhitze vorheizen. Den Hefe-teig auf bemehlter Arbeitsfläche in Größe der Springform ausrollen und hineinlegen. Mit einer Gabel mehrmals einstechen und den Marzipanpudding darauf verteilen. Anschließend die Kirschmasse da-raufgeben und zuletzt die Streusel darüberstreuen. Den Kuchen im Ofen auf mittlerer Schiene 30 Minuten backen. Dann herausnehmen und abkühlen lassen.

Zimtschnecken-Kuchen mit Puddingfüllung

1 Tarteform, 28 cm Ø

Hefeteig
375 g Mehl
½ Würfel frische Hefe (21 g)
180 ml lauwarme Milch
1 Ei
40 g Zucker
30 g Butter, zerlassen
1 Prise Salz

Füllung
60 g Zucker
45 g Speisestärke
2 Eier
500 ml Milch
1 Vanilleschote
30 g Butter, zerlassen
50 g Zucker, mit 1 EL gemahlenem Zimt gemischt
Puderzucker zum Bestäuben

1 Aus den Zutaten wie auf Seite 169 beschrieben einen Hefeteig zubereiten. Den Teig an einem warmen Ort zugedeckt 2 Stunden gehen lassen, das Volumen sollte sich verdoppeln.

2 Inzwischen für die Füllung Zucker und Stärke mischen und die Eier nach und nach einrühren. Die Milch mit der Vanilleschote aufkochen, vom Herd nehmen und die Vanilleschote entfernen. Milch unter Rühren in die Eiermischung gießen. Durch ein Sieb zurück in den Topf gießen und unter Rühren kurz aufkochen, bis die Masse eindickt. Mit Frischhaltefolie direkt auf der Creme abgedeckt abkühlen lassen.

3 Zwei Drittel des Hefeteigs (etwa 450 g) auf bemehlter Arbeitsfläche zu einem Rechteck von 40 × 25 cm Größe ausrollen. Mit der Butter bestreichen und mit Zimtzucker bestreuen. Von der breiten Seite her aufrollen und 30 Minuten tiefkühlen.

4 Den Backofen auf 175 °C Ober-/Unterhitze vorheizen. Die tiefgekühlte Teigrolle mit einem geriffelten Messer in 1 cm breite Schnecken schneiden und diese nebeneinander in die Form setzen, dabei am Rand ebenfalls eine Reihe Schnecken verteilen. Zugedeckt 30 Minuten gehen lassen. Sollten noch Löcher zwischen den Schnecken sein, den Teig mit den Fingern etwas flach drücken, sodass ein geschlossener Boden entsteht.

5 Danach die Füllung auf die Schnecken geben und glatt streichen. Den restlichen Teig zu einem Kreis (28 cm Ø) ausrollen und auf die Füllung legen. Den Zimtschneckenkuchen im Ofen auf mittlerer Schiene 30 Minuten backen. Herausnehmen und abkühlen lassen. Zum Servieren stürzen und mit Puderzucker bestäuben.

Baba klassisch

**1 Savarin- oder Gugelhupf-
form, 24–26 cm Ø**

Hefeteig
250 g Mehl
30 g frische Hefe
110 ml lauwarme Milch
2 Eier
1 EL Zucker
75 g Butter, zerlassen
½ TL Salz
Butter für die Form

Sirup
abgeriebene Schale von je
  1 Bio-Orange und -Grapefruit
350 g Zucker
20 ml Rum
100 g Aprikosenkonfitüre

Füllung
100 g Milch
1 Eigelb
25 g Zucker
1 schwach gehäufter EL Vanillepuddingpulver
1 EL Butter
130 g Sahne
400 g gemischte Beeren

1 Aus den Zutaten wie auf Seite 169 beschrieben einen Hefeteig zubereiten. Den Teig an einem warmen Ort zugedeckt 1–2 Stunden gehen lassen, bis das Volumen sich verdoppelt hat.

2 Den Backofen auf 190 °C Ober-/Unterhitze vorheizen, die Form einfetten. Den Teig in die Form geben und im Ofen auf mittlerer Schiene 30 Minuten backen. Inzwischen für den Sirup Zitrusschalen und Zucker mit 1 l Wasser in einem Topf erwärmen, bis sich der Zucker aufgelöst hat.

3 Den Kuchen aus dem Ofen nehmen, stürzen und auf ein Gitter mit einem Teller darunter stellen. Den Kuchen noch warm nach und nach mit dem Sirup (50–60 °C) übergießen. Anschließend gleichmäßig mit dem Rum beträufeln. Die Konfitüre erwärmen, durch ein Sieb streichen und den Kuchen damit oben und rundherum am Rand (nicht innen!) bestreichen.

4 Für die Füllung die Milch aufkochen. Das Eigelb mit Zucker und Puddingpulver glatt rühren. Die heiße Milch unter Rühren zur Eigelbmischung gießen. Alles durch ein Sieb zurück in den Topf geben und unter Rühren erwärmen, bis es eindickt. Den Topf vom Herd nehmen und die Butter einrühren. Mit Frischhaltefolie direkt auf der Creme abdecken und abkühlen lassen.

5 Die Sahne steif schlagen. Die abgekühlte Creme nochmals glatt rühren, dann die Sahne unterheben. Den Kuchen auf eine Kuchenplatte setzen, in der Mitte mit der Creme füllen und die Beeren darauf verteilen.

Saint-Honoré-Kuchen

1 Backblech, 35 × 45 cm
2 Spritzbeutel, 6 und 13 mm Ø
Lochtülle

Creme
2 Blatt Gelatine (siehe Tipp
    Seite 68)
30 ml Milch
30 g Zucker
15 ml Orangenlikör (z. B. Grand
    Marnier)
60 g Mascarpone
260 g Sahne

Brandteig
75 ml Milch
60 g Butter
2 TL Zucker
½ TL Salz
90 g Mehl
3 Eier
2 EL Hagelzucker zum Bestreuen

Außerdem
200 g gemischte Beeren

1 Für die Creme Gelatine in reichlich kaltem Wasser einweichen. Die Milch mit dem Zucker aufkochen, den Topf vom Herd nehmen und die ausgedrückte Gelatine darin auflösen. Abkühlen lassen und den Likör einrühren. Die Mischung langsam über den Mascarpone gießen und untermischen. Zuletzt die Sahne einrühren und die Creme mindestens 2 Stunden in den Kühlschrank stellen.

2 Inzwischen für den Brandteig 75 ml Wasser mit Milch, Butter, Zucker und Salz in einen Topf geben und aufkochen. Den Topf vom Herd nehmen und auf einmal das gesiebte Mehl mit einem Teigspatel einrühren. Es sollen keine Klumpen mehr zu sehen sein. Den Teig nochmals auf den Herd stellen und kurz abbrennen. Dann in eine Schüssel füllen und etwas verrühren, damit er leicht abkühlt.

3 Die Eier einzeln einrühren, dabei das letzte Ei verquirlen und nur so viel dazugeben, dass der Teig die richtige Konsistenz hat. Er sollte sehr langsam vom Spatel fallen (Eireste als Eistreiche verwenden). Den Backofen auf 175 °C Umluft vorheizen. Auf Backpapier einen Kreis (14 cm Ø) aufzeichnen und das Papier umgedreht auf das Blech legen.

4 Den Teig in den großen Spritzbeutel füllen und spiralförmig einen geschlossenen Kreis aufspritzen. Für die Windbeutel aus dem restlichen Teig 12–14 Tupfen (2–3 cm Ø) auf das Blech spritzen. Die Tupfen mit dem übrigen verquirlten Ei bestreichen und mit Hagelzucker bestreuen. Die Brandteigstücke im Ofen auf mittlerer Schiene 20–25 Minuten backen. Herausnehmen und abkühlen lassen.

5 Die gekühlte Sahnemischung steif schlagen. Die Masse in den kleinen Spitzbeutel füllen und die Windbeutel damit füllen (dazu vorher mit der Tülle seitlich ein kleines Loch in die Windbeutel stechen). Den Brandteigboden auf eine Kuchenplatte setzen, rundherum etwas Creme aufspritzen und die Windbeutel daraufsetzen. Die restliche Masse in die Mitte spritzen und die Beeren am Rand auf der Creme verteilen.

Zitronentarte

1 Tarteform, 28 cm Ø
1 Backblech, 35 × 45 cm
1 Ausstecher in Kerzenform
1 Spritzbeutel, 11–12 mm Ø
Sterntülle

Mürbeteig
150 g kalte Butter, in Würfeln
75 g Puderzucker
330 g Mehl
1 Prise Salz
1 Eigelb (Größe S)
1 Ei (Größe S)
Hülsenfrüchte zum Blindbacken

Creme
3 Blatt Gelatine (siehe Tipp
  Seite 68)
150 ml Zitronensaft
110 g Butter
200 g Zucker
10 g Speisestärke
6 Eier
Puderzucker zum Bestäuben
etwas Rohrzucker zum Karamellisieren

Baiser
40 g Eiweiß (von 1 Ei)
140 g Zucker

Icing
20 g Eiweiß (von ½ Ei)
125 g Puderzucker
gelbe und rote Lebensmittelfarbe
  (nach Belieben)

1 Aus den Zutaten wie auf Seite 166 beschrieben einen Mürbeteig zubereiten. Den Teig in Frischhaltefolie wickeln, mindestens 2 Stunden und maximal 4 Tage im Kühlschrank ruhen lassen.

2 Den Backofen auf 200 °C Ober-/Unterhitze vorheizen. Den Teig aus dem Kühlschrank nehmen und kurz temperieren lassen. Dann die Form mit zwei Dritteln des Teiges auskleiden, mit Backpapier belegen und die Hülsenfrüchte darauf verteilen. Im Ofen auf mittlerer Schiene wie auf Seite 166 beschreiben blindbacken, herausnehmen und abkühlen lassen. Aus dem restlichen Teigdrittel Kerzen ausstechen oder -schneiden. Die Kerzen auf ein mit Backpapier belegtes Blech setzen und im Ofen bei 200 °C Ober-/Unterhitze 8 Minuten backen.

3 Für die Creme die Gelatine in reichlich kaltem Wasser einweichen. Zitronensaft, Butter und 100 g Zucker aufkochen. Den restlichen Zucker und die gesiebte Stärke mit den Eiern glatt rühren. Die heiße Zitronenmasse unter Rühren in die Eiermischung gießen. Alles durch ein Sieb zurück in den Topf geben und unter Rühren erwärmen, bis es eindickt. Vom Herd nehmen und ausgedrückte Gelatine darin auflösen. Die Masse auf dem Boden verteilen und mit Puderzucker bestäuben, damit sich keine Haut bildet. Im Kühlschrank 2 Stunden fest werden lassen. Anschließend mit Rohrzucker bestreuen und diesen mit einem Gasbrenner karamellisieren.

4 Für das Baiser das Eiweiß in eine Schüssel geben (damit die Schüssel später nicht verrutscht, am besten ein feuchtes Küchentuch unterlegen). Zucker und 20 ml Wasser auf 117 °C erwärmen (siehe Tipp Seite 64). Den Sirup unter Rühren zum Eiweiß gießen. Anschließend das Baiser kalt schlagen, in den Spritzbeutel füllen und damit am Rand der Tarte rundherum Tupfen aufspritzen. Tupfen mit einem Gasbrenner etwas bräunen.

5 Für das Icing der Mürbeteigkerzen das Eiweiß mit gesiebtem Puderzucker verrühren und die Kerzen damit bemalen (nach Belieben einen Teil der Masse färben: Gelb für die Flamme, Rot für die Punkte). Die Kerzen zwischen die Baisertupfen stecken.

Tipp: Ein Icing (Eiweißglasur) eignet sich besonders gut zum Verzieren von Keksen. Ob das Icing die richtige Konsistenz hat, kann man am besten prüfen, indem man etwas Eiweißmasse auf einen Keks gibt. Sie sollte dann nicht an den Seiten herunterlaufen. Oder man lässt etwas Masse auf einen Teller tropfen. Dann sollte der Tropfen kurz sichtbar bleiben und danach verlaufen.

Karamell-Schoko-Tarte

1 Tarteform, 28 cm Ø
**Ausstecher in Buchstaben-
form**
**1 Spritzbeutel, 13 mm Ø
Sterntülle**

Mürbeteig
100 g kalte Butter, in Würfeln
50 g Puderzucker
220 g Mehl
1 Prise Salz
1 Ei (Größe S)
Hülsenfrüchte zum Blindbacken

Karamell
250 g Walnüsse
250 g Sahne
160 g Zucker
2 EL Honig
30 g Butter
1 TL Salz

Creme
220 g Sahne
120 g Zartbitterschokolade
  (70 % Kakaoanteil)
90 g Nussnougatcreme

1 Aus den Zutaten wie auf Seite 166 beschrieben einen Mürbeteig zubereiten. Den Teig in Frischhaltefolie wickeln, mindestens 2 Stunden und maximal 4 Tage im Kühlschrank ruhen lassen.

2 Den Backofen auf 200 °C Ober-/Unterhitze vorheizen. Den Teig aus dem Kühlschrank nehmen und kurz temperieren lassen. Dann die Form mit etwas mehr als zwei Dritteln des Teiges auskleiden und die Hülsenfrüchte darauf verteilen. Den Boden im Ofen auf mittlerer Schiene wie auf Seite 166 beschrieben blindbacken, herausnehmen und abkühlen lassen. Aus dem restlichen Teig die gewünschten Buchstaben ausstechen oder -schneiden. Auf ein mit Backpapier belegtes Blech setzen und im Ofen bei 200 °C Ober-/Unterhitze 8 Minuten backen.

3 Für den Karamell die Walnüsse hacken. Alle Zutaten (außer die Nüsse) in einer Pfanne erhitzen und unter Rühren 8–10 Minuten köcheln lassen. Sobald die Masse anfängt zu bräunen, die Nüsse einrühren und die Pfanne vom Herd nehmen. Den Nusskaramell auf dem Boden verteilen und die Tarte bei 200 °C Ober-/Unterhitze 8–10 Minuten backen, die Karamellmasse sollte dabei Blasen werfen. Herausnehmen und abkühlen lassen.

4 Für die Creme die Sahne steif schlagen. Die Schokolade mit der Nussnougatcreme über dem heißen Wasserbad auf 55 °C erhitzen. Dann vom Wasserbad nehmen und die Sahne unterheben. Die Masse in den Spritzbeutel füllen und nebeneinander Tupfen auf die komplette Tarte spritzen. Zuletzt die Buchstaben daraufsetzen.

Schnelle Schokoladentorte

1 Springform, 20 cm Ø
1 Tortenring

Ganache
350 g Sahne
350 g weiße Schokolade

Biskuit
3 Eier
150 g Zucker
¼ TL gemahlene Vanille
150 g Mehl
1 ½ TL Backpulver

Außerdem
100 g Himbeermarmelade
25 weiße Duplos
30 rosa Mini-Baisers (gekauft
  oder selbst gemacht)

1 Am Vortag für die Ganache Sahne und Schokolade über dem heißen Wasserbad erwärmen, bis die Schokolade geschmolzen ist. Danach zugedeckt über Nacht in den Kühlschrank stellen (alternativ die Ganache 2 Stunden tiefkühlen).

2 Am nächsten Tag den Backofen auf 180 °C Ober-/Unterhitze vorheizen, den Boden einer Springform mit Backpapier belegen. Für den Biskuit Eier, Zucker und Vanille schaumig schlagen. Mehl mit Backpulver sieben und in 2 Portionen unterheben. Die Masse in die Form geben und im Ofen auf mittlerer Schiene 35–40 Minuten backen. Herausnehmen und abkühlen lassen.

3 Den Boden waagerecht in drei Teile schneiden, den unteren Boden auf eine Kuchenplatte setzen und einen Tortenring außen herumspannen. Die Ganache steif schlagen. Den unteren Boden nacheinander mit einem Drittel der Himbeermarmelade und der Ganache bestreichen und den zweiten Boden auflegen. Wieder mit Marmelade bestreichen und das zweite Drittel der Ganache aufstreichen. Mit dem letzten Boden ebenso verfahren. Die Torte 30 Minuten in den Kühlschrank stellen.

4 Den Tortenring entfernen und die Duplos (bei Bedarf entsprechend der Höhe der Torte kürzen!) rundherum auf die Torte drücken. Die Mini-Baisers nebeneinander auf der Oberfläche verteilen.

Beeren-Pie

1 Tarteform, 28 cm Ø
Papierschablone für die
gewünschte Zahl
1 Ausstecher in Herzform

Mürbeteig
200 g kalte Butter, in Würfeln
100 g Puderzucker
440 g Mehl
1 Prise Salz
2 Eier (Größe S)
Hülsenfrüchte zum Blindbacken

Füllung
650 g Brombeeren (frisch oder TK)
80 g Zucker
1 EL Ahornsirup
1 Zimtstange
1 Vanilleschote
1 EL Zitronensaft
1 Prise Salz
175 ml Cassis
2 gehäufte EL Speisestärke
1 Ei, verquirlt (siehe Tipp
  Seite 41)

1 Aus den Zutaten wie auf Seite 166 beschrieben einen Mürbeteig zubereiten. Den Teig in Frischhaltefolie wickeln, mindestens 2 Stunden und maximal 4 Tage im Kühlschrank ruhen lassen.

2 Den Backofen auf 200 °C Ober-/Unterhitze vorheizen. Den Teig aus dem Kühlschrank nehmen und kurz temperieren lassen. Die Form mit etwa der Hälfte des Teiges auskleiden, mit Backpapier belegen und die Hülsenfrüchte darauf verteilen. Im Ofen auf mittlerer Schiene wie auf Seite 166 beschrieben blindbacken, herausnehmen und abkühlen lassen.

3 Für die Füllung Beeren, Zucker, Ahornsirup, Zimtstange, Vanilleschote, Zitronensaft, Salz und die Hälfte des Cassis aufkochen. Stärke mit dem restlichen Cassis glatt rühren, dazugeben und die Mischung erneut aufkochen. 2 Minuten unter Rühren köcheln lassen, dann Zimtstange und Vanilleschote entfernen und das Ganze etwas abkühlen lassen. Beerenmischung auf dem Boden verteilen und vollständig abkühlen lassen.

4 Den restlichen Teig auf bemehlter Arbeitsfläche zu einer Platte ausrollen und einen Kreis (28 cm Ø) ausschneiden. Mithilfe der Papierschablone die gewünschte Zahl aus dem Teigkreis ausschneiden. Den Teigkreis 5 Minuten in den Kühlschrank legen, gekühlt lässt er sich leichter auf den Kuchen legen. Aus den Teigresten kleine Herzen ausstechen. Den Kreis auf den Kuchen legen, mit dem verquirlten Ei bestreichen und die Herzen rundherum am Rand verteilen. Ebenfalls mit dem verquirlten Ei bestreichen und den Pie im Ofen bei 200 °C Ober-/Unterhitze auf mittlerer Schiene 20 Minuten goldbraun backen. Herausnehmen und abkühlen lassen.

Erdbeer-Bananen-Torte

1 Springform, 26 cm Ø
1 Tortenring
1 Spritzbeutel, 6–8 mm Ø
  Sterntülle

Rührteig
250 g geschälte Bananen
1 TL Zitronensaft
250 ml Milch
100 g weiche Butter
220 g Zucker
2 Eier
300 g Mehl
60 g Speisestärke
1 gestrichener TL Natron
1 Prise Salz
Butter für die Form

Creme & Dekoration
150 g weiße Schokolade
90 g weiche Butter
60 g Puderzucker
280 g Frischkäse, zimmerwarm
500 g Erdbeeren
1 Banane
1 Päckchen klarer Tortenguss
100 g Nusskrokant

1 Für den Rührteig den Backofen auf 175 °C Ober-/Unterhitze vorheizen, die Springform einfetten. Bananen mit Zitronensaft pürieren und mit Milch mischen. Aus den Zutaten wie auf Seite 167 beschrieben einen Rührteig zubereiten. Dabei die Bananenmilch abwechselnd mit der Mehlmischung in den Teig rühren.

2 Den Teig in die Form geben und den Kuchen im Ofen auf mittlerer Schiene 50–60 Minuten backen. Herausnehmen und abkühlen lassen. Den Springformrand entfernen und den Kuchen bei Bedarf oben begradigen. Auf eine Kuchenplatte setzen und den Tortenring außen herumspannen.

3 Für die Creme Schokolade über dem heißen Wasserbad schmelzen. Butter mit Puderzucker in einer Schüssel mit den Schneebesen des Handrührgeräts schaumig schlagen. Frischkäse glatt rühren und Schokolade mit Buttermischung und Frischkäse gründlich verrühren. 150 g Creme beiseitestellen, den Rest auf dem Boden glatt streichen und die Torte im Kühlschrank 30 Minuten fest werden lassen.

4 Inzwischen Erdbeeren von den Kelchen befreien und in feine Würfel schneiden. Banane schälen und in Scheiben schneiden. Aus den Bananenscheiben eine Zahl auf den Kuchen legen und die Erdbeerwürfel außenherum verteilen. Den Tortenguss nach Packungsanleitung zubereiten und den Kuchen damit überziehen. Kuchen bei Zimmertemperatur 20 Minuten (oder im Kühlschrank 5 Minuten) fest werden lassen.

5 Dann den Tortenring entfernen. 4 EL Creme in den Spritzbeutel geben, mit dem Rest die Torte rundherum bestreichen. Das Krokant an den Seiten festdrücken und zuletzt mit dem Spritzbeutel am Rand der Oberseite ein Wellenmuster aufspritzen.

Tipp: Sie können außerhalb der Erdbeersaison auch tiefgekühlte Früchte pürieren und das Püree um die Bananen herum verteilen. Dafür 500 g Erdbeeren mit 100 ml Wasser, 80 g Zucker und 2 EL Zitronensaft aufkochen und mit einer Gabel zerdrücken. 2 EL Speisestärke mit 100 ml kaltem Wasser anrühren und unter das Erdbeerpüree mischen. Alles nochmals solange aufkochen, bis es eindickt.

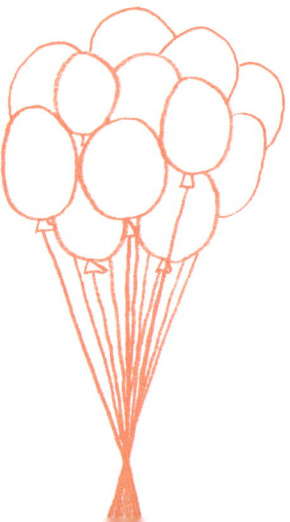

Engadiner Nusstorte

1 Tarteform, 28 cm Ø
Papierschablonen nach Wahl
1 Ausstecher in Blütenform

Mürbeteig
200 g kalte Butter, in Würfeln
100 g Puderzucker
440 g Mehl
1 Prise Salz
2 Eier (Größe S)

Füllung
400 g Walnüsse
200 g Zucker
250 g Sahne
50 g Honig

Dekormasse
1 ½ EL weiche Butter
20 g Eiweiß (von ½ Ei)
1 EL Kakaopulver
1 gestrichener EL Mehl
1 EL Puderzucker

Außerdem
½ Eiweiß, verquirlt (siehe Tipp
Seite 41)

1 Aus den Zutaten wie auf Seite 166 beschrieben einen Mürbeteig zubereiten. Den Teig in Frischhaltefolie wickeln, mindestens 2 Stunden und maximal 4 Tage im Kühlschrank ruhen lassen. Den Teig herausnehmen und kurz temperieren lassen. Dann die Form mit etwa der Hälfte des Teiges auskleiden.

2 Für die Füllung die Walnüsse grob hacken. Einen Topf erwärmen und den Boden mit etwas Zucker bedecken. Sobald der Zucker geschmolzen ist, nach und nach den restlichen Zucker einstreuen, dabei zunächst nicht rühren. Sobald der gesamte Zucker karamellisiert ist, Sahne und Honig zugießen. Alles so lange unter Rühren kochen, bis sich alle fest gewordenen Stücke wieder aufgelöst haben. Den Topf vom Herd nehmen und die Nüsse einrühren. Abkühlen lassen.

3 Den Backofen auf 180 °C Ober-/Unterhitze vorheizen. Restlichen Teig auf bemehlter Arbeitsfläche ausrollen und einen Kreis in Größe der Form ausschneiden. Den Teigkreis 5 Minuten in den Kühlschrank legen, gekühlt lässt er sich leichter auf die Tarte legen. Die Füllung auf dem Tarteboden verteilen und den Teigkreis auflegen.

4 Für die Dekormasse alle Zutaten verrühren. Die gewünschte Schablone auf den Teigkreis legen und mit einem dünnen Pinsel die Dekormasse auftragen. Schablone herunternehmen, Teigreste ausrollen und kleine Blüten ausstechen. Die Unterseite jeweils mit 1 Tupfen verquirltem Eiweiß bestreichen und die Blüten rundherum am Rand der Torte verteilen. Den Kuchen im Ofen auf mittlerer Schiene 35–40 Minuten goldbraun backen. Herausnehmen und abkühlen lassen.

Tipp: Die Nüsse schmecken aromatischer, wenn man sie vorher in einer beschichteten Pfanne ohne Fett leicht röstet. Alternativ in dem auf 175 °C Ober-/Unterhitze vorgeheizten Backofen auf einem Blech 8–10 Minuten rösten.

Johannisbeergeleetarte mit weißer Schokolade

**1 Tarteform, 28 cm Ø
Silikonformen für die
gewünschten Zahlen**

Mürbeteig
100 g kalte Butter, in Würfeln
50 g Puderzucker
220 g Mehl
1 Prise Salz
1 Ei (Größe S)
Hülsenfrüchte zum Blindbacken
1 Ei, verquirlt (siehe Tipp
   Seite 41)

Gelee
6 Blatt Gelatine (siehe Tipp
   Seite 68)
600 g rote Johannisbeeren
1 EL Zitronensaft
100 g Zucker

Creme & Dekoration
230 g weiße Schokolade
3 Blatt Gelatine
125 ml Milch
200 g Sahne

1 Aus den Zutaten (bis auf das verquirlte Ei) wie auf Seite 166 beschrieben einen Mürbeteig zubereiten. Den Teig in Frischhaltefolie wickeln, mindestens 2 Stunden und maximal 4 Tage im Kühlschrank ruhen lassen.

2 Den Backofen auf 200 °C Ober-/Unterhitze vorheizen. Den Teig aus dem Kühlschrank nehmen und kurz temperieren lassen. Die Form mit dem Teig auskleiden und die Hülsenfrüchte darauf verteilen. Im Ofen auf mittlerer Schiene 15 Minuten wie auf Seite 166 beschrieben blindbacken, herausnehmen und Hülsenfrüchte entfernen. Den Boden noch 2 Minuten backen, dann mit verquirltem Ei bestreichen und noch 2 Minuten backen. Herausnehmen und abkühlen lassen.

3 Für das Gelee Gelatine in reichlich kaltem Wasser einweichen. Beeren von den Rispen zupfen, mit Zitronensaft, Zucker und 100 ml Wasser aufkochen und 3 Minuten köcheln lassen. Durch ein Sieb streichen und die ausgedrückte Gelatine darin auflösen. Das Gelee in die Silikonformen gießen und tiefkühlen. Das restliche Johannisbeergelee auf Zimmertemperatur abkühlen lassen, dann gleichmäßig auf dem Boden verteilen. Im Kühlschrank 1 Stunde fest werden lassen.

4 Für die Creme 180 g Schokolade hacken. Die Gelatine in etwas kaltem Wasser einweichen. Milch aufkochen, die ausgedrückte Gelatine darin auflösen und über die gehackte Schokolade gießen. 1 Minute warten, dann alles verrühren, bis die Schokolade geschmolzen ist. Zuletzt die Sahne in die Creme rühren. Die gefrorenen Zahlen aus der Form lösen und auf das Gelee setzen. Die Creme auf die Tarte gießen und im Kühlschrank fest werden lassen. Zum Servieren die restliche Schokolade mit einem Sparschäler raspeln und auf der Tarte verteilen.

Gefüllte Buchteln

1 Backblech, 35 × 45 cm

Hefeteig
550 g Mehl
1 Würfel frische Hefe (42 g)
150 ml lauwarme Milch
2 Eier
80 g Zucker
80 g Butter, zerlassen
¼ TL gemahlene Vanille
½ TL Salz

Füllung
300 g Zwetschgen
2 TL Zitronensaft
75 g Zucker

Außerdem
1 Ei, verquirlt (siehe Tipp
  Seite 41)
Hagelzucker zum Bestreuen

1 Aus den Zutaten wie auf Seite 169 beschrieben einen Hefeteig zubereiten. Den Teig an einem warmen Ort zugedeckt 1–2 Stunden gehen lassen, bis das Volumen sich verdoppelt hat.

2 Inzwischen für die Füllung die Zwetschgen waschen, halbieren und entsteinen. Mit Zitronensaft, 75 ml Wasser und Zucker aufkochen. Alles köcheln lassen, bis die Zwetschgen weich sind und die Flüssigkeit fast vollständig verdampft ist. Vom Herd nehmen und abkühlen lassen.

3 Den Backofen auf 180 °C Ober-/Unterhitze vorheizen, ein oder zwei Bleche mit Backpapier belegen. Aus dem Teig Kugeln (à etwa 40 g) formen. Jede Kugel leicht ausrollen und 1 TL Füllung daraufgeben. Die Ränder mit etwas Wasser bestreichen und den Teig über der Füllung gut verschließen.

4 Die Buchteln auf dem Blech zu einer Zahl aneinanderlegen und zugedeckt 20 Minuten gehen lassen. (Sollten die Zahlen nicht auf ein Blech passen, kann man sie einzeln nacheinander backen.) Die Buchteln mit verquirltem Ei bestreichen und mit Hagelzucker bestreuen, im Ofen auf mittlerer Schiene 18–20 Minuten backen. Herausnehmen und abkühlen lassen.

Variante: Für eine Apfelfüllung 350 g Apfelwürfel (von etwa 3 Äpfeln) mit 2 EL Zitronensaft, 50 g Zucker, 25 g Butter, etwas gemahlener Vanille und Zimt so lange kochen, bis die Äpfel weich sind und die Flüssigkeit fast vollständig verdampft ist. Dabei ab und zu rühren. Vom Herd nehmen und 100 g gehackte Walnüsse einrühren. Wie beschrieben die Buchteln damit füllen und backen.

Mit Liebe gebacken

Himbeertarte mit Passionsfrüchten

1 Tarteform, 28 cm Ø

Mürbeteig
100 g kalte Butter, in Würfeln
50 g Puderzucker
220 g Mehl
1 Prise Salz
1 Ei (Größe S)
Hülsenfrüchte zum Blindbacken
1 Eiweiß, verquirlt (siehe Tipp
   Seite 41)

Himbeergelee
2 ½ Blatt Gelatine (siehe Tipp
   Seite 68)
250 g Himbeeren (frisch oder TK)
40 g Zucker
2 EL Zitronensaft

Passionsfruchtcreme
3 Blatt Gelatine
100 g Passionsfruchtpüree (von
   5 Passionsfrüchten, einige Kerne
   für die Dekoration beiseitestellen)
2 ½ TL Zitronensaft
100 g Zucker
200 g Butter, in Würfeln
3 Eier

Außerdem
1 Päckchen klarer Tortenguss
einige schöne Himbeeren

1 Aus den Zutaten wie auf Seite 166 beschrieben einen Mürbeteig zubereiten. Den Teig in Frischhaltefolie wickeln, mindestens 2 Stunden und maximal 4 Tage im Kühlschrank ruhen lassen.

2 Den Backofen auf 200 °C Ober-/Unterhitze vorheizen. Den Teig aus dem Kühlschrank nehmen und kurz temperieren lassen. Die Form mit dem Teig auskleiden, mit Backpapier belegen und die Hülsenfrüchte darauf verteilen. Im Ofen auf mittlerer Schiene 15 Minuten wie auf Seite 166 beschrieben blindbacken, herausnehmen und die Hülsenfrüchte entfernen. Den Boden noch 2 Minuten backen, dann mit verquirltem Ei bestreichen und nochmals 2 Minuten backen. Herausnehmen und abkühlen lassen.

3 Für das Gelee die Gelatine in reichlich kaltem Wasser einweichen. Die Himbeeren mit Zucker, Zitronensaft und 2 EL Wasser aufkochen, bis sie zerfallen. Durch ein Sieb streichen und die ausgedrückte Gelatine im Beerenmus auflösen. 2 EL Beerenmus beiseitestellen. Übriges Mus abkühlen lassen, auf dem Boden verteilen und im Kühlschrank 1 Stunde fest werden lassen.

4 Für die Creme Gelatine in reichlich kaltem Wasser einweichen. Fruchtpüree, Zitronensaft, 50 g Zucker und 100 g Butter aufkochen. Den restlichen Zucker mit Eiern glatt rühren. Die Fruchtmischung unter Rühren zur Eiermasse gießen. Alles durch ein Sieb zurück in den Topf geben und unter Rühren erwärmen, bis es eindickt. Vom Herd nehmen und die ausgedrückte Gelatine einrühren. Die restliche kalte Butter darin schmelzen. Die Fruchtcreme etwas abkühlen lassen, dann auf dem fest gewordenen Himbeergelee verteilen. Die Tarte im Kühlschrank nochmals 1 Stunde fest werden lassen.

5 Für die Glasur den Tortenguss nach Packungsanleitung zubereiten. Mit dem beiseitegestellten Himbeergelee mit einem Löffel rote Punkte auf die Tarte tropfen und einige Passionsfruchtkerne daraufsetzen. Zuletzt die Tarte mit dem Tortenguss überziehen.

Tipp: Der Guss sollte etwas abgekühlt und die Tarte sehr kalt sein, sonst wird die Fruchtcreme wieder flüssig und mischt sich mit dem Tortenguss.

Mango-Milchreis-Tarte

1 Tarteform, 28 cm Ø
1 Springform, 24 cm Ø

Mürbeteig
100 g kalte Butter, in Würfeln
50 g Puderzucker
220 g Mehl
1 Prise Salz
1 Ei (Größe S)
Hülsenfrüchte zum Blindbacken

Milchreis
60 g Milchreis
240 ml Kokosmilch
½ TL Salz
2 TL Zucker

Mousse
7 Blatt Gelatine (siehe Tipp
 Seite 68)
300 g Mangopüree
60 g Zucker
350 g Sahne

Mangocreme
6 Blatt Gelatine
90 g Mangopüree
300 g Sahne
1 Vanilleschote
9 Eigelb
60 g Zucker

Außerdem
1 Päckchen klarer Tortenguss
2–3 Mangos

1 Aus den Zutaten wie auf Seite 166 beschrieben einen Mürbeteig zubereiten. Den Teig in Frischhaltefolie wickeln, mindestens 2 Stunden und maximal 4 Tage im Kühlschrank ruhen lassen.

2 Den Backofen auf 200 °C Ober-/Unterhitze vorheizen. Den Teig aus dem Kühlschrank nehmen und kurz temperieren lassen. Dann die Form mit dem Teig auskleiden, mit Backpapier belegen und die Hülsenfrüchte darauf verteilen. Den Boden im Ofen auf mittlerer Schiene wie auf Seite 166 beschrieben blindbacken, herausnehmen und abkühlen lassen.

3 Für den Milchreis den Reis mit Kokosmilch, Salz und Zucker aufkochen und zugedeckt auf dem ausgeschalteten Herd quellen lassen, bis die Kokosmilch vollständig aufgesogen ist. Dabei zwischendurch umrühren und bei Bedarf nochmals kurz erhitzen. Milchreis abkühlen lassen und auf dem Boden verteilen.

4 Für die Mousse die Gelatine in reichlich kaltem Wasser einweichen. Mangopüree und Zucker erwärmen (nicht kochen!) und die ausgedrückte Gelatine darin auflösen, abkühlen lassen. Sahne steif schlagen und unterheben. Die Mousse in die Springform füllen und bis zur Verwendung tiefkühlen.

5 Für die Mangocreme Gelatine in reichlich kaltem Wasser einweichen. Mangopüree, Sahne und Vanilleschote aufkochen. Die Eigelbe mit dem Zucker glatt rühren. Die Vanilleschote entfernen und die Mangosahne unter Rühren in die Eigelbmischung gießen. Durch ein Sieb zurück in den Topf geben und unter Rühren erwärmen, bis die Creme eindickt. Dann die ausgedrückte Gelatine darin auflösen. Etwas abkühlen lassen und auf der Reisschicht verteilen, 1 Stunde im Kühlschrank fest werden lassen.

6 Tortenguss nach Packungsanleitung zubereiten und etwas abkühlen lassen. Die Mangomousse aus dem Tiefkühler nehmen, die Form entfernen und die gefrorene Platte auf die Tarte legen. Sofort mit dem Tortenguss überziehen. Dann die Mangos schälen, am Kern halbieren und mit einem Kugelausstecher Bällchen ausstechen. Zuletzt die Tarte rundherum mit Mangokugeln belegen.

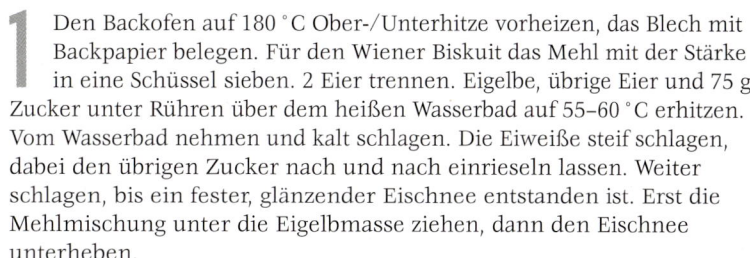

Himbeertorte

1 Backblech, 35 × 45 cm
1 Tortenring

Wiener Biskuit
30 g Mehl
25 g Speisestärke
4 Eier
105 g Zucker
2–3 EL Himbeerkonfitüre

Füllung
160 g Himbeeren (frisch oder TK)
125 g Zucker
5 Blatt Gelatine (siehe Tipp
  Seite 68)
400 g Frischkäse
150 g Mascarpone
2 EL Zitronensaft
¼ TL gemahlene Vanille
120 g Sahne

Glasur
3 Blatt Gelatine
150 g Himbeeren (frisch oder TK)
1 EL Zitronensaft
75 g Zucker

1 Den Backofen auf 180 °C Ober-/Unterhitze vorheizen, das Blech mit Backpapier belegen. Für den Wiener Biskuit das Mehl mit der Stärke in eine Schüssel sieben. 2 Eier trennen. Eigelbe, übrige Eier und 75 g Zucker unter Rühren über dem heißen Wasserbad auf 55–60 °C erhitzen. Vom Wasserbad nehmen und kalt schlagen. Die Eiweiße steif schlagen, dabei den übrigen Zucker nach und nach einrieseln lassen. Weiter schlagen, bis ein fester, glänzender Eischnee entstanden ist. Erst die Mehlmischung unter die Eigelbmasse ziehen, dann den Eischnee unterheben.

2 Die Masse auf dem Blech verstreichen und im Ofen auf mittlerer Schiene 15–20 Minuten backen. Herausnehmen und mit dem Backpapier auf ein feuchtes Küchentuch ziehen, damit der Biskuit formbar bleibt. Dann abkühlen lassen.

3 Den Boden umdrehen und das Backpapier abziehen, die Biskuitplatte wieder zurückdrehen. In einer Ecke einen Kreis (15 cm Ø), aus der restlichen Biskuitplatte zwei Streifen à 15 cm Breite ausschneiden (einer ist aufgrund des ausgeschnittenen Kreises kürzer). Die Streifen dünn mit Konfitüre bestreichen, dann von der Längsseite her möglichst eng aufrollen (siehe Fotos Seite 102) und 30 Minuten tiefkühlen.

4 Die tiefgekühlten Rollen mit einem geriffelten Messer in 3–3,5 cm breite Scheiben schneiden. Tortenring auf eine Kuchenplatte setzen und auf 22 cm Ø spannen. Den Rand unten vollständig mit einer Reihe Schnecken auslegen und den runden Boden in die Mitte setzen.

5 Für die Füllung Himbeeren, 50 ml Wasser und 1 TL Zucker aufkochen, bis die Himbeeren zerfallen, und durch ein Sieb streichen. Gelatine in reichlich kaltem Wasser einweichen. Den Frischkäse mit Mascarpone, übrigem Zucker, Zitronensaft und Vanille glatt rühren. Etwa 125 g Himbeermus erwärmen (nicht kochen!) und die ausgedrückte Gelatine darin auflösen. Die Himbeermischung zügig unter die Frischkäsemasse rühren. Sahne steif schlagen und unterheben.

6 Die Hälfte der Füllung auf dem Boden verteilen, restliche Schnecken daraufsetzen und übrige Füllung darübergeben. Torte rundherum glatt streichen und 2 Stunden im Kühlschrank fest werden lassen. Für die Glasur Gelatine in reichlich kaltem Wasser einweichen. Übrige Zutaten mit 75 ml Wasser aufkochen, bis die Himbeeren zerfallen. Vom Herd nehmen und ausgedrückte Gelatine darin auflösen. Alles abkühlen lassen und auf der Torte verteilen. Im Kühlschrank fest werden lassen. Zum Servieren Tortenring entfernen, nach Belieben einige schöne Himbeeren mit Puderzucker bestäubt daraufsetzen.

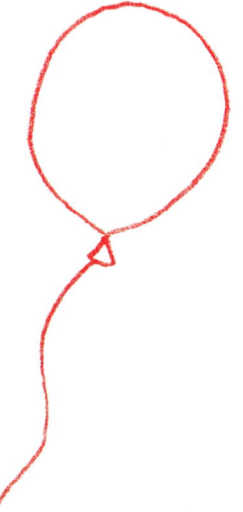

Casino-Kuppeltorte

1 Backblech, 35 × 45 cm
1 Kuppelform oder Schüssel,
   14 cm Ø

Wiener Biskuit
30 g Mehl
25 g Speisestärke
4 Eier
105 g Zucker
2–3 EL Himbeerkonfitüre

Bayerisch Creme
5 Blatt Gelatine (siehe Tipp
   Seite 68)
200 ml Milch
¼ TL gemahlene Vanille
75 g Zucker
4 Eigelb
200 g Sahne

Außerdem
1 Päckchen klarer Tortenguss

1 Backofen auf 180 °C Ober-/Unterhitze vorheizen, das Blech mit Backpapier belegen. Aus den Zutaten wie auf Seite 101 beschrieben einen Wiener Biskuit zubereiten. Die Masse auf dem Blech verstreichen und im Ofen auf mittlerer Schiene 15–20 Minuten backen. Herausnehmen und mit dem Backpapier auf ein feuchtes Küchentuch ziehen, damit der Biskuit formbar bleibt. Dann abkühlen lassen.

2 Den Boden umdrehen und das Backpapier abziehen, Biskuitplatte wieder zurückdrehen. In einer Ecke einen Kreis (14 cm Ø) ausschneiden. Aus dem übrigen Boden zwei Streifen à 14 cm Breite ausschneiden (einer ist aufgrund des ausgeschnittenen Kreises kürzer). Streifen dünn mit Konfitüre bestreichen und von der Längsseite her aufrollen. In Frischhaltefolie wickeln, bis zur Verwendung tiefkühlen.

3 Für die Creme Gelatine in reichlich kaltem Wasser einweichen. Milch, Vanille und die Hälfte des Zuckers aufkochen. Eigelb und restlichen Zucker in einer Schüssel verrühren. Warme Vanillemilch unter Rühren in die Eigelbmasse gießen. Alles durch ein Sieb zurück in den Topf geben und unter Rühren erwärmen, bis es eindickt. Ausgedrückte Gelatine in die Vanillecreme einrühren. Mit Frischhaltefolie direkt auf der Creme abdecken und auf Zimmertemperatur abkühlen lassen.

4 Die Kuppelform mit Frischhaltefolie auslegen. Die Rollen aus dem Tiefkühler mit einem geriffelten Messer in etwa ½ cm breite Scheiben schneiden. Form dicht an dicht mit den Schnecken auslegen (bei Bedarf die Schnecken verkleinern). Sahne steif schlagen und unter die abgekühlte Creme heben. 3–4 EL Creme in die Form geben und die übrigen Schnecken darauf verteilen. Kuppel mit der restlichen Creme füllen und Boden auflegen. Kuppel im Kühlschrank 1 Stunde fest werden lassen.

5 Zum Servieren Kuppel aus der Form heben und auf ein Gitter mit einem Teller darunter stellen. Die Folie entfernen. Tortenguss nach Packungsanleitung zubereiten und die Kuppel damit überziehen, abkühlen lassen. Zum Servieren die Torte auf eine Kuchenplatte setzen.

Tipp: Achten Sie darauf, dass die Schnecken wirklich dicht an dicht liegen. Sind Löcher dazwischen, läuft die Creme hinein – und das sieht einfach nicht so schön aus.

Riesen-Cupcake

2 Springformen à 15 cm Ø
1 Spritzbeutel 13 mm Ø
Sterntülle

Rührteig
225 g weiche Butter
225 g Zucker
4 Eier
225 g Mehl
2 TL Backpulver
1 Prise Salz
60 g gemahlene Haselnüsse
4 EL Espresso, abgekühlt
Butter für die Form

Buttercreme
5 Eigelb
175 g Zucker
50 ml Espresso, abgekühlt
250 g weiche Butter

Dekoration
36 Schokoladengebäckröllchen
(z. B. Amicelli)
1 EL Schokoladenstreusel

1 Den Backofen auf 175 °C Ober-/Unterhitze vorheizen, die Spring-formen einfetten. Für den Rührteig die Butter mit dem Zucker in einer Schüssel mit den Schneebesen des Handrührgeräts schaumig schlagen. Die Eier einzeln gut unterrühren. Das Mehl mit Backpulver und Salz in eine zweite Schüssel sieben und die Nüsse dazugeben. Die Hälfte der Mehlmischung in den Teig rühren, dann den Espresso dazugeben und zuletzt den Rest der Mehlmischung einrühren.

2 Den Teig je zur Hälfte in die Formen geben und im Ofen auf mittlerer Schiene 45–50 Minuten backen. Herausnehmen und 5 Minuten abkühlen lassen. Dann die Kuchen aus der Form lösen, vollständig abkühlen lassen und 1 Stunde in den Tiefkühler stellen, damit sie sich besser schneiden lassen.

3 Für die Buttercreme die Eigelbe in eine Schüssel füllen. Zucker und Espresso auf 117 °C erwärmen (siehe Tipp Seite 64) und den Sirup unter Rühren in das Eigelb gießen. Alles durch ein Sieb in eine weitere Schüssel geben und kalt schlagen. Das geht am besten in der Küchenmaschine. Sobald die Masse Zimmertemperatur erreicht hat, die weiche Butter in Stückchen dazugeben und einrühren.

4 Die Kuchen aus dem Tiefkühler nehmen und bei Bedarf oben begradigen. Von einem Kuchen den Rand rundum von oben nach unten schräg abschneiden, sodass der Kuchen unten schmaler wird. Diesen Kuchen quer halbieren, mit Buttercreme bestreichen und wieder zusammensetzen. Die Oberfläche wiederum mit Buttercreme bestreichen.

5 Den zweiten Kuchen oben in Kuppelform schneiden (Teigreste anderweitig verwenden, siehe Tipp) und auf den unteren Kuchen setzen. Die Ränder dünn mit Buttercreme bestreichen und die Schokoladenröllchen am Rand andrücken. Die übrige Buttercreme in den Spritzbeutel füllen und damit die Oberfläche spiralförmig bespritzen. Zuletzt den Cupcake mit Schokoladenstreuseln bestreuen und nach Belieben eine kleine Kerze in die Mitte setzen.

Tipp: Rührkuchenreste können Sie für einen Bröselboden verwenden. Dazu am besten in kleine Krümel zerbröseln und über Nacht bei Zimmertemperatur trocknen lassen. Oder Sie machen Cakepops aus den Rührteigresten. Falls Sie dafür nicht gleich Zeit haben, die Reste einfach einfrieren.

Brandteigkranz

1 Backblech, 35 × 45 cm
1 Spritzbeutel, 13 mm Ø
Lochtülle und 11 mm Ø
Sterntülle

Brandteig
75 ml Milch
60 g Butter
2 TL Zucker
½ TL Salz
90 g Mehl
3 Eier
etwa 30 g Mandelblättchen

Creme
175 ml Milch
¼ TL gemahlene Vanille
50 g Zucker
2 Eigelb
15 g Speisestärke
190 g weiche Butter
60 g Nussnougatcreme

1 Für den Brandteig den Backofen auf 175 °C Umluft vorheizen. Auf Backpapier zwei Kreise (14 cm Ø) zeichnen und das Papier umgedreht auf das Blech legen. 75 ml Wasser mit Milch, Butter, Zucker und Salz in einen Topf geben und aufkochen. Den Topf vom Herd nehmen und auf einmal das gesiebte Mehl klumpenfrei einrühren. Den Teig nochmals auf den Herd stellen und unter Rühren kurz abbrennen. Dann in eine Schüssel füllen und verrühren, damit er etwas abkühlt.

2 Die Eier einzeln einrühren, dabei das letzte Ei verquirlen und nur so viel dazugeben, dass der Teig die richtige Konsistenz hat. Er sollte sehr langsam vom Spatel fallen (Eireste später als Eistreiche verwenden). Brandteig in den Spritzbeutel mit Lochtülle füllen und den ersten Ring auf der Linie aufspritzen. Den zweiten Kreis einmal außerhalb der Linie, einmal innerhalb der Linie und einmal auf beide Kreise spritzen, sodass ein größerer breiter Ring entsteht. Den großen Ring mit übrigem verquirltem Ei bestreichen und mit Mandelblättchen bestreuen. Beide Brandteigringe im Ofen auf mittlerer Schiene 30–35 Minuten backen.

3 Für die Creme Milch, Vanille und 35 g Zucker aufkochen. Restlichen Zucker und Eigelbe glatt rühren und die gesiebte Stärke einrühren. Vanillemilch unter Rühren in die Eigelbmischung gießen. Alles durch ein Sieb zurück in den Topf geben, unter Rühren erhitzen, bis es beginnt einzudicken. Creme vom Herd nehmen, durchrühren und 10–15 Sekunden erhitzen. Vom Herd nehmen und 10 g weiche Butter einrühren. Mit Frischhaltefolie direkt auf der Creme abdecken und abkühlen lassen.

4 Nussnougatcreme und übrige Butter hell aufschlagen. Abgekühlte Creme nochmals durchrühren und unter die Nussnougatbutter mischen. Großen Brandteigring mit einem geriffelten Messer etwas oberhalb der Mitte waagerecht halbieren und die untere Hälfte auf eine Kuchenplatte setzen. Die Masse in den Spritzbeutel mit Sterntülle füllen und einen Kreis auf die untere Ringhälfte spritzen. Kleinen Brandteigring darauflegen, innen und außen dicht an dicht von unten nach oben Streifen daraufspritzen. Übrige Creme im Zickzackmuster als weitere Schicht oben aufspritzen. Zuletzt die obere Ringhälfte auflegen.

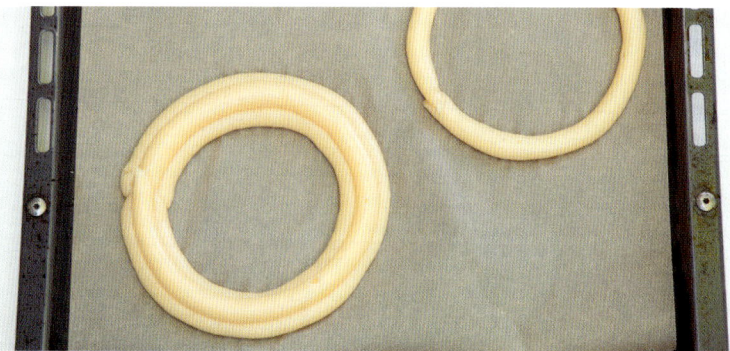

Alhambra-Kuchen

1 Springform, 20 cm Ø
1 Tortenring
1 Spritzbeutel, 6–8 mm Ø
Lochtülle und 5 mm Ø
Sterntülle

Nussbiskuit
25 g Mehl
25 g Kakaopulver
4 Eier
90 g Butter
100 g Zucker
40 g gemahlene Haselnüsse
Butter für die Form

Sirup
30 g Zucker
25 ml Espresso, abgekühlt
1 EL Rum

Ganache & Glasur
350 g Sahne
¼ TL gemahlene Vanille
350 g Zartbitterschokolade
   (58 % Kakaoanteil), gehackt
65 g Glukosesirup (siehe Tipp
   Seite 58)

Dekoration
150 g Waffelröllchen mit Schoko-
   füllung

1 Den Backofen auf 180 °C Ober-/Unterhitze vorheizen, Boden der Springform einfetten. Für den Nussbiskuit Mehl und Kakao in eine Schüssel sieben. Die Eier trennen. Die Butter zerlassen. Die Eigelbe mit der Hälfte des Zuckers und den Nüssen schaumig schlagen. Etwas Eigelbmasse mit der Butter verrühren. Die Eiweiße steif schlagen, dabei den übrigen Zucker dazurieseln lassen und weiterschlagen, bis ein glänzender Eischnee entstanden ist. Erst den Eischnee, dann die Mehlmischung unter die Eigelbmasse heben, zuletzt die Buttermischung unterrühren. Die Masse in die Form geben und im Ofen auf mittlerer Schiene 30–40 Minuten backen. Herausnehmen und abkühlen lassen.

2 Für den Sirup 25 ml Wasser und Zucker erwärmen, bis sich der Zucker aufgelöst hat. Abkühlen lassen und Espresso und Rum einrühren. Für die Ganache die Sahne mit der Vanille aufkochen und über die gehackte Schokolade gießen. 1 Minute warten, dann alles verrühren, bis die Schokolade geschmolzen ist. Dabei nur in der Mitte rühren, damit keine Luftblasen in die Masse kommen. Für die Glasur 330 g Ganache mit Glukosesirup mischen. Beide Massen mit Frischhaltefolie direkt auf der Oberfläche abdecken und bis zur Verwendung beiseitestellen.

3 Biskuit aus der Form lösen und waagerecht in drei etwa 1 cm hohe Böden schneiden und die Böden jeweils mit Espresso-Rum-Sirup bestreichen. Den unteren Boden auf eine Kuchenplatte setzen und den Tortenring außen herumspannen, dabei am Rand etwa ½ cm Platz lassen. Etwas Ganache in den Spritzbeutel mit Lochtülle füllen und den Rand zwischen Tortenring und Biskuit damit ausspritzen. Dann ein Drittel der übrigen Ganache auf dem Boden verteilen und den zweiten Boden auflegen. Wieder den Rand ausspritzen und ein Drittel der Ganache auf dem Boden verteilen. Mit dem letzten Boden ebenso verfahren. Die Torte 30 Minuten in den Kühlschrank stellen. Dann herausnehmen und den Tortenring entfernen.

4 Die Glasur auf 32–35 °C erwärmen und durch ein Sieb gießen, um mögliche Luftblasen zu entfernen. Die Torte auf ein Gitter mit einem Teller darunter stellen und mit der Glasur überziehen (dabei leicht am Gitter rütteln, damit die Glasur schön glatt wird). Die Torte auf eine Kuchenplatte setzen und die Waffelröllchen rundherum auf die Glasur drücken. Nach Belieben etwas aufgefangene Glasur in den Spritzbeutel mit Sterntülle füllen und kleine Tupfen und Ziffern aufspritzen.

Charlotte Mango

2 Backbleche, à 35 × 45 cm
1 Spritzbeutel, 13 mm Ø
  Lochtülle
1 Tortenring, 20 cm Ø

Löffelbiskuits
180 g Mehl
6 Eier
150 g Zucker
Puderzucker zum Bestäuben

Sirup
75 g Zucker
1 EL Brandy

Mousse
4 Blatt Gelatine (siehe Tipp
  Seite 68)
180 g Mangopüree
25 ml Kokoslikör
250 g Sahne
40 g Eiweiß
50 g Zucker
100 g Mangofruchtfleisch

Außerdem
300 g gemischte Früchte (nach
  Belieben)

1 Für die Löffelbiskuits den Backofen auf 180 °C Ober-/Unterhitze vorheizen. Auf ein Backpapier zwei Kreise (à 18 cm Ø) zeichnen, auf ein zweites zwei 10 × 40 cm breite Rechtecke. Beide Papiere umgedreht auf je ein Backblech legen. Das Mehl in eine Schüssel sieben. Die Eier trennen. Die Eigelbe mit der Hälfte des Zuckers in einer Schüssel mit den Schneebesen des Handrührgeräts schaumig schlagen. Die Eiweiße steif schlagen, dabei den restlichen Zucker einrieseln lassen und weiterschlagen, bis ein fester, glänzender Eischnee entstanden ist. Das Mehl und ein Drittel des Eischnees unter die Eigelbmasse heben. Den restlichen Eischnee vorsichtig mit dem Teigspatel unterheben.

2 Die Masse in den Spritzbeutel füllen und in die Rechtecke auf dem Papier dicht nebeneinander Streifen aufspritzen, dabei sollte der obere Rand einheitlich sein. Streifen mit Puderzucker bestäuben, nach wenigen Minuten wiederholen. Auf das zweite Blech spiralförmig zwei geschlossene Kreis aussspritzen. Zuerst die Kreise, anschließend die Streifen im Ofen auf mittlerer Schiene 12 Minuten backen, herausnehmen und abkühlen lassen.

3 Für den Sirup 50 ml Wasser und Zucker erwärmen, bis sich der Zucker aufgelöst hat. Abkühlen lassen und den Brandy einrühren. Für die Mousse die Gelatine in reichlich kaltem Wasser einweichen. 90 g Mangopüree erwärmen (nicht kochen!) und die ausgedrückte Gelatine darin auflösen. Gelatinemischung zum restlichen Mangopüree geben, etwas abkühlen lassen und den Kokoslikör einrühren. Bis zur Verwendung beiseitestellen.

4 Die gebackenen Biskuits umdrehen und das Backpapier abziehen, Tortenring auf eine Kuchenplatte setzen. Streifen auf 10 cm Länge gerade kürzen, auf der Unterseite mit etwas Sirup bestreichen und damit den Rand des Tortenrings auslegen (bei Bedarf nochmals kürzen; dabei soll die Unterseite der Löffelbiskuits jeweils nach innen zeigen; Reste anderweitig verwenden). Die runden Böden so zuschneiden, dass sie in die Mitte passen. Einen Boden einlegen und mit etwas Sirup bestreichen.

5 Sahne steif schlagen. Eiweiß ebenfalls steif schlagen, dabei Zucker einrieseln lassen und weiterschlagen, bis ein glänzender Eischnee entstanden ist. Eischnee und Sahne unter das Mangopüree heben. Die Hälfte der Mousse auf dem Boden im Tortenring verteilen. Das Mangofruchtfleisch würfeln und aufstreuen. Den zweiten Boden auflegen, mit etwas Sirup bestreichen und restliche Mousse darauf verteilen. Die Torte im Kühlschrank 2 Stunden fest werden lassen. Zum Servieren Tortenring entfernen, die Früchte nach Bedarf klein schneiden und auf der Torte verteilen.

Tipp: Die Torte lässt sich auch mit anderen Frucht-
pürees zubereiten: Zum Beispiel
eignen sich Birnen oder Erdbeeren sehr gut.

Kokostorte »Coco Rouge«

1 Springform, 20 cm Ø
4 Halbkugelformen, à etwa
  4 cm Ø
1 Tortenring
1 Spritzbeutel, 6–8 mm Ø
  Lochtülle

Kokosboden
90 g weiche Butter
90 g Zucker
35 g gemahlene Mandeln
50 g Kokosraspel
2 Eier (90 g, Größe S)
Butter für die Form

Bröselboden
50 g weiße Schokolade
50 g Nussnougatcreme
1 EL Butter
50 g Butterkekse
15 g Kokosraspel

Erdbeer-Coulis
3 Blatt Gelatine
200 g Erdbeeren
60 g Zucker
1 TL Zitronensaft

Mousse
5 Blatt Gelatine
220 ml Kokosmilch
50 g Eiweiß
100 g Zucker
220 g Sahne
rote Lebensmittelfarbe

Glasur
4 Blatt Gelatine
100 ml Milch
100 g Zucker
220 g Sahne
70 g Glukosesirup
15 g Speisestärke
Kokosraspel

1 Für den Kokosboden den Backofen auf 170 °C Ober-/Unterhitze vorheizen, die Springform einfetten. Butter und Zucker verrühren. Mandeln und Kokosraspeln untermischen, dann die Eier einrühren. Teig in die Form geben, im Ofen auf mittlerer Schiene 25 Minuten backen. Herausnehmen und abkühlen lassen, aus der Form lösen.

2 Für den Bröselboden weiße Schokolade, Nussnougatcreme und Butter über dem heißen Wasserbad schmelzen. Die Butterkekse zerkrümeln (siehe Tipp Seite 38) und zusammen mit den Kokosraspeln unterrühren. Einen Tortenring (Ø 20 cm) auf eine mit Backpapier belegte Platte stellen und die Masse darin mit einem Löffelrücken glatt streichen. Im Kühlschrank fest werden lassen.

3 Für die Erdbeer-Coulis Gelatine in reichlich kaltem Wasser einweichen. Erdbeeren von den Kelchen befreien und mit Zucker und Zitronensaft erwärmen. Erdbeeren mit einer Gabel zerdrücken und die ausgedrückte Gelatine darin auflösen. Die Masse in die mit Frischhaltefolie ausgelegte Springform füllen und bis zur Verwendung tiefkühlen.

4 Für die Mousse die Gelatine in reichlich kaltem Wasser einweichen. Die Kokosmilch erwärmen (nicht kochen) und die ausgedrückte Gelatine darin auflösen, auf Zimmertemperatur abkühlen lassen. Eiweiß in eine Schüssel geben. Den Zucker mit 30 ml Wasser auf 117 °C erwärmen (siehe Tipp Seite 64). Den Sirup in dünnem Strahl unter Rühren zum Eiweiß gießen und anschließend den Eischnee kalt schlagen. Die Sahne steif schlagen. Den Eischnee und die Sahne unter die Kokosmilchmischung heben. 4–5 EL Mousse mit Lebensmittelfarbe rosa färben, in 4 Halbkugelformen füllen und bis zur Verwendung tiefkühlen.

5 Den Bröselboden auf eine Kuchenplatte setzen und den Tortenring außen herumspannen, dabei am Rand etwa ½ cm Platz lassen. Die Hälfte der Mousse in den Spritzbeutel füllen und einen Ring um den Bröselboden herumspritzen. Den Kokosboden auflegen und etwas Mousse an den Rand spritzen. Die Erdbeerschicht auflegen und den Rand mit der Mousse ausspritzen. Zuletzt die restliche Mousse auf der Torte verteilen und die Torte kaltstellen.

6 Für die Glasur Gelatine in reichlich kaltem Wasser einweichen. Milch, Zucker und Sahne aufkochen, Glukose einrühren und wieder aufkochen. Stärke mit 1 EL kaltem Wasser glatt rühren, unter Rühren in die Sahnemischung gießen und nochmals kurz aufkochen. Vom Herd nehmen und die ausgedrückte Gelatine darin auflösen, auf 28 °C abkühlen lassen. Die Torte auf ein Gitter mit einem Teller darunter stellen und möglichst dünn mit der Glasur überziehen. Rundherum mit Kokosraspeln verzieren und zuletzt die gefrorenen Halbkugeln obenauf setzen. Zum Servieren auf eine Kuchenplatte geben.

Quarktorte mit Orangen

2 Springformen, à 20 cm Ø
1 Tortenring
1 Spritzbeutel, 6–8 mm Ø
  Lochtülle

Nussbiskuit
1 gehäufter EL Mehl
20 g Kakaopulver
3 Eier
75 g Zucker
30 g gemahlene Haselnüsse
60 g Butter, zerlassen
Butter für die Form

Bröselboden
50 g Zartbitterschokolade
  (70 % Kakaoanteil)
50 g Butter
80 g Amarettini

Sirup
50 g Zucker
15 ml Kirschwasser

Mousse
4 Blatt Gelatine
2 Eiweiß
60 g Zucker
4 EL Zitronensaft
300 g Quark
¼ TL gemahlene Vanille
300 g Sahne

Orangen
3–4 Orangen
2 gehäufte TL Speisestärke
1 EL Zucker
abgeriebene Schale von
  ½ Bio-Orange

Außerdem
Geleeorangen

1 Für den Biskuit den Backofen auf 180 °C Ober-/Unterhitze vorheizen, Boden einer Springform einfetten. Aus den Zutaten wie auf Seite 109 beschrieben einen Nussbiskuit zubereiten und im Ofen auf mittlerer Schiene 30–35 Minuten backen. Herausnehmen und abkühlen lassen.

2 Inzwischen für den Bröselboden die Schokolade mit der Butter über dem heißen Wasserbad schmelzen. Die Amarettini zerkrümeln (siehe Tipp Seite 39) und in die Schokoladenmischung rühren. Den Boden einer Springform mit Backpapier belegen und die Masse darin mit einem Löffelrücken glatt streichen. Im Kühlschrank fest werden lassen.

3 Für den Sirup 75 ml Wasser und Zucker erwärmen, bis sich der Zucker aufgelöst hat. Abkühlen lassen und Kirschwasser einrühren. Für die Mousse Gelatine in reichlich kaltem Wasser einweichen. Eiweiß in eine Schüssel geben. Zucker und 30 ml Wasser auf 117 °C erwärmen (siehe Tipp Seite 64). Den Sirup in dünnem Strahl unter Rühren zum Eiweiß gießen und den Eischnee kalt und steif schlagen. Den Zitronensaft erwärmen (nicht kochen) und die ausgedrückte Gelatine darin auflösen. Erst einige Löffel Quark in die Gelatine rühren, dann die Gelatinemischung mit der Vanille unter den übrigen Quark mischen. Die Sahne steif schlagen und mit dem Eischnee unterheben.

4 Den Nussbiskuit waagerecht halbieren. Den Bröselboden auf eine Kuchenplatte setzen und den Tortenring außen herumspannen, dabei am Rand etwa ½ cm Platz lassen. Etwas Mousse in den Spritzbeutel füllen und den Rand damit ausspritzen. Ein Drittel der Mousse auf dem Boden verteilen, den ersten Biskuit auflegen und mit Sirup bestreichen. Den Rand wieder ausfüllen und das zweite Drittel der Mousse auf dem Boden verteilen. Mit dem zweiten Boden ebenso verfahren. Das übrige Drittel der Mousse darauf verteilen und glatt streichen. Die Torte im Kühlschrank 2 Stunden fest werden lassen.

5 Inzwischen die Orangen filetieren, dabei den Saft auffangen und 150 ml Orangensaft sowie 200 g Orangenfilets abmessen. Die Stärke mit 2 EL Orangensaft glatt rühren. Den Zucker in einem Topf karamellisieren, mit dem restlichen Orangensaft ablöschen und aufkochen. Die Orangenschale unterrühren und alles so lange kochen, bis sich die festen Karamellstückchen aufgelöst haben. Dann die Stärkemischung einrühren und alles köcheln, bis die Sauce etwas eindickt. Vom Herd nehmen und Orangenfilets unterrühren, abkühlen lassen. Den Tortenring entfernen und das Orangenragout auf der Torte verteilen. Zuletzt den unteren Rand mit Geleeorangen verzieren.

Käsekuchentorte
mit Apfel und Zimt

1 Springform, 20 cm Ø
1 Spritzbeutel, 6–7 mm Ø
  Sterntülle

Nussbiskuit
50 g Mehl
4 Eier
100 g Zucker
40 g gemahlene Haselnüsse
1 TL gemahlener Zimt
50 g Butter, zerlassen
Butter für die Form

Käsekuchen
350 g Frischkäse
90 g Zucker
20 g Speisestärke
¼ TL gemahlene Vanille
80 g Sahne
1 Ei
Butter für die Form

Kompott
2 Äpfel
30 g Zucker
1 ½ EL Butter
Saft von ½ Zitrone
¼ TL gemahlene Vanille
¼ TL gemahlener Zimt

Creme
350 g Frischkäse, zimmerwarm
175 g Puderzucker, gesiebt
125 g weiche Butter
¼ TL gemahlene Vanille

1 Für den Biskuit den Backofen auf 180 °C Ober-/Unterhitze vorheizen, Boden der Springform einfetten. Aus den Zutaten wie auf Seite 109 beschrieben einen Nussbiskuit zubereiten und im Ofen auf mittlerer Schiene 30–40 Minuten backen. Herausnehmen und abkühlen lassen.

2 Den Backofen auf 120 °C Ober-/Unterhitze schalten, die Springform einfetten. Für den Käsekuchen Frischkäse, Zucker und Stärke glatt rühren. Vanille und Sahne untermischen, dann das Ei einrühren. Die Creme in die Form geben und den Kuchen im Ofen auf mittlerer Schiene 50–60 Minuten backen. Abkühlen lassen, aus der Form lösen und bis zur Verwendung tiefkühlen.

3 Für das Kompott die Äpfel schälen, entkernen und in Würfel schneiden. Zucker, Butter, 30 ml Wasser, Zitronensaft, Vanille, Zimt und Apfelwürfel unter Rühren aufkochen. Alles köcheln lassen, bis die Äpfel weich sind und die Flüssigkeit fast vollständig verdampft ist. Das Kompott vom Herd nehmen, in eine mit Frischhaltefolie ausgelegte Springform (20 cm Ø) füllen und abkühlen lassen. Bis zur Verwendung tiefkühlen. Inzwischen für die Frischkäsecreme alle Zutaten verrühren.

4 Den Biskuit bei Bedarf oben begradigen, dann waagerecht halbieren und den unteren Biskuit auf eine Kuchenplatte setzen. Die Käsekuchenplatte daraufsetzen, das Apfelkompott darüberlegen und den zweiten Biskuitboden auflegen. Die Torte rundherum mit Frischkäsecreme bestreichen. Mit einer kleinen Palette Streifen am Rand und kleine Wellen auf der Oberfläche ziehen.

Birnentorte mit Mascarpone

1 Springform, 23 cm Ø
1 Springform, 20 cm Ø
1 Spritzbeutel, 11 mm Ø
  Lochtülle
1 Tortenring

Mürbeteig
80 g kalte Butter, in Würfeln
80 g Zucker
140 g Mehl
1 TL Backpulver
1 Prise Salz
1 Ei

Biskuit
100 g Butter
90 g Mehl
1 gestrichener TL Backpulver
2 Eier
100 g Zucker

Birnenmus
3 Blatt Gelatine (siehe Tipp
  Seite 68)
1 große Dose Birnen (825 g)
30 g Zucker
25 g Butter

Creme
5 Blatt Gelatine
100 g Eigelb (von 5 Eiern)
100 g Zucker
440 g Mascarpone
260 g Sahne

1 Den Backofen auf 175 °C Ober-/Unterhitze vorheizen. Aus den Zutaten wie auf Seite 166 beschrieben einen Mürbeteig mit Backpulver zubereiten. Mit bemehlten Händen den Boden der großen Springform (23 cm Ø) damit auskleiden und den Boden im Ofen auf mittlerer Schiene 20 Minuten backen.

2 Für den Biskuit den Backofen auf 175 °C Ober-/Unterhitze schalten, Boden einer kleinen Springform (20 cm Ø) einfetten. Aus den Zutaten wie auf Seite 168 beschrieben einen Biskuit zubereiten. Die Masse in die Form geben und im Ofen auf mittlerer Schiene 20 Minuten backen. Herausnehmen, abkühlen lassen und aus der Form lösen.

3 Für das Birnenmus Gelatine in reichlich kaltem Wasser einweichen. 300 g Birnen mit Zucker und Butter pürieren, erwärmen und die ausgedrückte Gelatine darin auflösen. Die Masse in eine kleine mit Frischhaltefolie ausgelegte Springform (20 cm Ø) füllen, etwas abkühlen lassen und bis zur Verwendung tiefkühlen.

4 Für die Creme die Gelatine in reichlich kaltem Wasser einweichen. Eigelbe glatt rühren. Zucker und 40 ml Wasser auf 117 °C erwärmen (siehe Tipp Seite 64) und langsam in das Eigelb rühren, dann kalt schlagen. Die ausgedrückte Gelatine erwärmen (nicht kochen!) und dabei auflösen, in die Eigelbmasse rühren. Den Mascarpone erst glatt rühren, dann in die Eigelbmischung rühren. Zuletzt die Sahne steif schlagen und unterheben. Die Creme in den Spritzbeutel füllen.

5 Den Tortenring auf eine mit Backpapier belegte Kuchenplatte setzen und auf 22 cm Ø spannen. Mit der Creme spiralförmig einen geschlossenen Kreis aufspritzen. Birnenplatte auflegen und den Rand mit Creme ausfüllen. Wieder mit Creme spiralförmig einen Kreis auf die Birnenplatte spritzen und Biskuit auflegen. Den Rand mit der Creme ausfüllen. Zuletzt die übrige Creme auf die Torte geben und glatt streichen. Die Torte 1 Stunde tiefkühlen.

6 Mürbeteigboden auf eine Kuchenplatte setzen. Torte aus der Form lösen und umgedreht (meist ist die untere Oberfläche glatter) auf den Boden setzen. Restliche Birnen in Spalten schneiden und den Mürbeteigrand damit rundherum belegen.

Shades of Pink

1 Springform, 20 cm Ø
5 Schüsseln
1 Spritzbeutel, 6–7 mm Ø
 Sterntülle

Rührteig
225 g weiche Butter
280 g Zucker
¼ TL gemahlene Vanille
4 Eier
325 g Mehl
1 TL Backpulver
½ TL Natron
½ TL Salz
240 ml Buttermilch
rote Lebensmittelfarbe
Butter für die Form

Creme
300 g weiße Schokolade
150 g weiche Butter
300 g Frischkäse, zimmerwarm
150 g Puderzucker

Außerdem
weiße Raspelschokolade
rosa Zuckerherzen

1 Für die Böden den Backofen auf 160 °C Ober-/Unterhitze vorheizen, die Form einfetten. Aus den Zutaten wie auf Seite 167 beschrieben einen Rührteig zubereiten. Den Teig in 5 Schüsseln verteilen (pro Schüssel etwa 250 g Teig) und jede Teigportion mit der Lebensmittelfarbe von leicht bis stark rot färben. Dazu in den ersten Teig nur wenig Lebensmittelfarbe rühren, in den zweiten etwas mehr, in den dritten noch mehr usw. Die Teige nacheinander in die Form geben und jeweils 20–25 Minuten backen.

2 Für die Creme die Schokolade über dem heißen Wasserbad schmelzen. Die Butter in einer Schüssel mit den Schneebesen des Handrührgeräts schaumig schlagen. Den Frischkäse glatt rühren, dann Puderzucker, Frischkäse und zerlassene Schokolade in die Butter rühren. Die Creme kurz in den Kühlschrank stellen.

3 Den hellsten Boden auf eine Kuchenplatte setzen, den Springformrand außen herumspannen und etwas Creme darauf verteilen. Dann den nächst dunkleren Boden auflegen, Creme daraufstreichen und weiter so verfahren, bis alle Böden entsprechend ihrer Rotschattierung aufgelegt sind. Die Torte im Kühlschrank 1 Stunde fest werden lassen. Restliche Creme währenddessen bei Zimmertemperatur stehen lassen.

4 Anschließend etwas Creme in den Spritzbeutel füllen und beiseitestellen. Ist die Creme zu weich, kurz in den Kühlschrank stellen. Mit der restlichen Creme die Torte rundherum bestreichen und den Rand mit Raspelschokolade verzieren. Zuletzt mit der Creme aus dem Spritzbeutel oben einen dekorativen Tupfenrand aufspritzen und die Zuckerherzen in der Mitte verteilen.

Schokoladen-Mandel-Torte

1 Springform, 20 cm Ø
1 Backblech, 35 × 45 cm
1 Spritzbeutel, 13 mm Ø
  Lochtülle sowie 4 und 11 mm
  Ø Sterntülle
1 Tortenring
Papierschablone »HAPPY
  BIRTHDAY«

Mandelboden
50 g Puderzucker
¼ TL gemahlene Vanille
50 g weiche Butter
1 Prise Salz
2 gestrichene EL Mehl
50 g Mandelblättchen

Mandelbaiser
25 g Mehl
90 g Puderzucker
75 g gemahlene Mandeln
125 g Eiweiß (von 3–4 Eiern)
45 g Zucker

Mousse
240 g Vollmilchschokolade
2 Blatt Gelatine (siehe Tipp
  Seite 68)
120 ml Milch
320 g Sahne

Ganache
80 g Zartbitterschokolade
  (70 % Kakaoanteil)
80 g Sahne

Dekoration
Kakaopulver zum Bestäuben

1 Für den Mandelboden den Backofen auf 180 °C Ober-/Unterhitze vorheizen, den Boden einer Springform mit Backpapier belegen. Puderzucker, Vanille, Butter, Salz und Mehl mit dem Teigspatel verrühren. Mandelblättchen unterrühren. Den Teig dünn in die Form geben und im Ofen auf mittlerer Schiene 15 Minuten backen. Herausnehmen und abkühlen lassen.

2 Für die Mandelbaisers den Backofen auf 160 °C Ober-/Unterhitze schalten. Zwei Kreise (à 20 cm Ø) auf Backpapier zeichnen und das Papier umgedreht auf das Blech legen. Mehl und Puderzucker sieben und mit den Mandeln mischen. Die Eiweiße steif schlagen, dabei den Zucker einrieseln lassen und weiterschlagen, bis ein fester, glänzender Eischnee entstanden ist. Mandelmischung mit dem Teigspatel unterheben. Teig in den Spritzbeutel mit Lochtülle füllen und spiralförmig zwei geschlossene Kreise aufspritzen. Im Ofen auf mittlerer Schiene 25 Minuten backen, herausnehmen und abkühlen lassen.

3 Für die Mousse die Schokolade hacken und die Gelatine in reichlich kaltem Wasser einweichen. Milch aufkochen, vom Herd nehmen und die Gelatine darin unter Rühren auflösen. Über die Schokolade gießen, 1 Minuten warten, dann alles verrühren, bis die Schokolade geschmolzen ist. Auf Zimmertemperatur abkühlen lassen. Sahne steif schlagen und unterheben.

4 Den Mandelboden auf eine Kuchenplatte setzen und den Tortenring außen herumspannen, dabei am Rand etwa ½ cm Platz lassen. Etwas Mousse in den Spritzbeutel mit Lochtülle füllen und den Rand damit ausspritzen. Ein Drittel der Mousse auf dem Boden verteilen und einen Mandelbaiserboden auflegen, etwas andrücken. Das zweite Drittel Mousse daraufgeben und den zweiten Boden auflegen, wieder andrücken. Die restliche Mousse darauf verteilen und die Torte im Kühlschrank fest werden lassen.

5 Für die Ganache die Schokolade hacken, die Sahne aufkochen und über die gehackte Schokolade gießen. 1 Minute warten und dann alles verrühren, bis die Schokolade geschmolzen ist. Abkühlen lassen, bis die Ganache fest genug ist, um sie aufzuspritzen.

6 Anschließend den Tortenring entfernen. Die Papierschablone auflegen und die Torte mit Kakao durch ein Sieb bestäuben, Schablone vorsichtig entfernen. Ein Drittel der Ganache in den Spritzbeutel (Sterntülle 4 mm) füllen und am unteren Rand rundherum kleine Tupfen aufspritzen. Restliche Ganache in den Spritzbeutel (Sterntülle 11 mm) füllen und auf dem oberen Rand rundherum Tupfen aufspritzen.

Bananentorte mit Schokoladencreme

1 Springform, 20 cm Ø
1 Tortenring
1 Spritzbeutel, 7–8 mm Ø
  Sterntülle

Wiener Biskuit
100 g Mehl
20 g Kakaopulver
4 Eier
1 Eigelb
100 g Zucker

Mousse
225 g Bananen
2 ½ Blatt Gelatine (siehe Tipp
  Seite 68)
30 ml Milch
2 Eigelb
1 Ei
30 g Zucker
1 schwach gehäufter EL
  Speisestärke
200 g Sahne

Sirup & Creme
90 g Zucker
1 EL Rum
200 g Schokolade
100 g Nussnougatcreme
300 g Sahne

1 Den Backofen auf 180 °C Ober-/Unterhitze vorheizen, Boden der Springform einfetten. Für den Wiener Biskuit Mehl und Kakao in eine Schüssel sieben. Eier, Eigelb und Zucker über dem Wasserbad auf 60–65 °C erwärmen. Dabei mit einem Teigspatel rühren. Vom Wasserbad nehmen und kalt schlagen. Die Mehlmischung in zwei Portionen unterheben. Die Masse in die Form geben und im Ofen auf mittlerer Schiene 35–40 Minuten backen. Herausnehmen und abkühlen lassen.

2 Für die Mousse die Bananen pürieren und die Gelatine in reichlich kaltem Wasser einweichen. Bananenpüree und Milch aufkochen. Eigelbe, Ei, Zucker und Stärke glatt rühren. Die heiße Bananen-milch unter Rühren über die Eiermischung gießen. Alles durch ein Sieb zurück in den Topf geben und erhitzen, bis die Masse eindickt. Vom Herd nehmen und die ausgedrückte Gelatine darin auflösen. Mit Frischhaltefolie direkt auf der Mousse abdecken und abkühlen lassen. Anschließend nochmals glatt rühren, die Sahne steif schlagen und unterheben.

3 Für den Sirup Zucker und 150 ml Wasser langsam erwärmen, bis sich der Zucker aufgelöst hat. Abkühlen lassen und den Rum einrühren. Für die Creme Schokolade hacken und zusammen mit der Nussnougatcreme über dem heißen Wasserbad schmelzen. Die Sahne steif schlagen und unter die Schokoladenmasse heben.

4 Den Boden waagerecht in drei Böden teilen und jeweils mit Sirup bestreichen. Den unteren Boden auf eine Kuchenplatte setzen, den Tortenring außen herumspannen und die Hälfte der Mousse darauf verteilen. Zweiten Boden auflegen und übrige Mousse aufstreichen. Dritten Boden auflegen und die Torte im Kühlschrank 15 Minuten fest werden lassen. Tortenring entfernen und die Torte rundherum mit drei Vierteln der Creme bestreichen. Restliche Creme in den Spritzbeutel füllen und auf die Oberfläche dicht an dicht Tupfen aufspritzen.

Schwarzwälder Kirschtorte

1 Springform, 20 cm Ø
1 Tortenring
1 Spritzbeutel, 11 mm Ø
Sterntülle

Wiener Biskuit
100 g Mehl
20 g Kakaopulver
4 Eier
1 Eigelb
100 g Zucker

Creme & Sirup
60 g Zartbitterschokolade
  (70 % Kakaoanteil)
100 ml Milch
70 g Zucker
1 TL Speisestärke
1 Eigelb
15 ml Kirschwasser
120 g Sahne

Kompott
200 g Kirschen (aus dem Glas)
1 gehäufter EL Speisestärke
2 TL Zucker
1 TL Kirschwasser

Außerdem
450 g Sahne
dunkle Raspelschokolade
einige frische Kirschen

1 Den Backofen auf 180 °C Ober-/Unterhitze vorheizen, den Boden der Springform einfetten. Aus den Zutaten wie auf Seite 125 beschrieben einen Wiener Biskuit (dabei Eier nicht trennen!) zubereiten, dabei das Kakaopulver mit dem Mehl sieben und untermischen. Die Masse in die Form geben und im Ofen auf mittlerer Schiene 35–40 Minuten backen. Herausnehmen und abkühlen lassen.

2 Für die Creme die Schokolade hacken und die Milch aufkochen. 20 g Zucker, Stärke und Eigelb glatt rühren. Die heiße Milch unter Rühren in die Eigelbmischung gießen. Alles durch ein Sieb zurück in den Topf geben und unter Rühren erhitzen, bis es eindickt. Den Topf vom Herd nehmen und die Schokolade darin schmelzen. Mit Frischhaltefolie direkt auf der Creme abdecken und abkühlen lassen. Für den Sirup übrigen Zucker und 75 ml Wasser erwärmen, bis sich der Zucker aufgelöst hat. Abkühlen lassen und das Kirschwasser einrühren.

3 Für das Kompott die Kirschen gut abtropfen lassen, dabei 100 ml Saft auffangen. 2 EL Kirschsaft mit der Stärke glatt rühren. Den restlichen Kirschsaft mit Zucker aufkochen, die angerührte Stärke einrühren und erneut aufkochen, bis es eindickt. Dann Kirschen und Kirschwasser dazugeben und das Kompott vom Herd nehmen. Die Sahne steif schlagen und unter die Schokoladencreme heben.

4 Den Biskuit bei Bedarf oben begradigen, dann waagerecht in drei Böden schneiden und jeweils mit Sirup beträufeln. Den unteren Boden auf eine Kuchenplatte setzen und den Tortenring außen herumspannen. Das Kompott darauf verteilen, den zweiten Boden auflegen und die Schokocreme darauf verteilen. Den dritten Boden auflegen und die Torte 30 Minuten in den Kühlschrank stellen.

5 Tortenring entfernen, die Sahne steif schlagen und die Torte damit rundherum bestreichen (etwas Sahne aufheben, in den Spritzbeutel füllen und beiseitestellen). Torte rundherum mit Raspelschokolade bestreuen. Zuletzt mit der Sahne im Spritzbeutel oben am Rand Tupfen aufspritzen und jeweils 1 frische Kirsche daraufsetzen.

Macarons-Torte mit Johannisbeeren

1 Springform, 20 cm Ø
1 Tortenring

Wiener Biskuit
80 g Mehl
80 g Speisestärke
5 Eier
2 Eigelb
130 g Zucker
Butter für die Form

Füllung
250 g Johannisbeeren
4 Blatt weiße Gelatine (siehe
  Tipp Seite 68)
250 g Mascarpone
70 g Zucker
Mark von 1 Vanilleschote
½ TL abgeriebene Schale einer
  Bio-Zitrone
25 ml Zitronensaft
250 g Sahne

Dekoration
300 g Sahne
etwa 50 Macarons (je nach Größe)

1 Den Backofen auf 180 °C Ober-/Unterhitze vorheizen, Boden der Springform einfetten. Für den Wiener Biskuit Mehl und Stärke in eine Schüssel sieben. Eier, Eigelbe und Zucker über dem Wasserbad auf 60–65 °C erwärmen. Dabei mit einem Teigspatel rühren. Vom Wasserbad nehmen und kalt schlagen. Die Mehlmischung in zwei Portionen unterheben. Die Masse in die Form geben und im Ofen auf mittlerer Schiene 30 Minuten backen. Herausnehmen und abkühlen lassen.

2 Für die Füllung die Johannisbeeren von den Rispen zupfen. Die Gelatine in reichlich kaltem Wasser einweichen. Mascarpone, Zucker, Vanille und Zitronenschale verrühren. Den Zitronensaft erwärmen und die ausgedrückte Gelatine unter Rühren darin auflösen. Erst einige Löffel Mascarponemasse in die Gelatinemischung rühren, dann die Gelatinemischung unter die übrige Mascarponemasse mischen. Die Sahne steif schlagen und unterheben.

3 Den Boden waagerecht in fünf Böden teilen. Den untersten Boden auf eine Kuchenplatte setzen, den Tortenring außen herumspannen. Ein Viertel der Creme auf dem Boden verteilen und darauf ein Viertel der Johannisbeeren streuen. Den zweiten Boden auflegen und leicht andrücken. Weiter so verfahren, bis Böden, Creme und Beeren aufgebraucht sind. Zuletzt den fünften Boden auflegen und die Torte im Kühlschrank 2 Stunden fest werden lassen.

4 Anschließend den Tortenring entfernen, die Sahne steif schlagen und die Torte damit rundherum überziehen. Macarons dicht an dicht an den Rändern und der Oberfläche andrücken.

Tipp: Diese Torte können Sie nach Lust und Laune auch mit anderen Süßigkeiten »verkleiden« – z. B. mit Marshmallow-Pilzen oder Brausemuscheln. Wichtig ist nur, dass die »Sweets« eine runde Form besitzen und relativ flach sind.

Für Kinder

Clown- und Piratengesicht

je 1 Springform, 26 cm Ø

Pirat

1 Rezept Rührteig (siehe
  Seite 167)
Butter für die Form
1 Rezept Buttercreme (siehe
  Seite 143)
roter, weißer und schwarzer
  Fondant
1 Amarettini

Clown

1 Rezept Rührteig (siehe
  Seite 167)
Butter für die Form
1 Rezept Buttercreme (siehe
  Seite 143)
rote Lebensmittelfarbe
200 g Marzipanrohmasse
100 g weißer Fondant
10 g schwarzer Fondant

1 Für beide Kuchen den Rührteig in einer gefetteten Springform im auf 175 °C Ober-/Unterhitze vorgeheizten Ofen auf mittlerer Schiene 1 Stunde backen. Herausnehmen, kurz abkühlen lassen und aus der Form lösen, dann vollständig abkühlen lassen. Bei Bedarf die Oberfläche des Kuchen begradigen und die Ränder etwas abrunden.

2 Für den Piraten den Kuchen auf eine Kuchenplatte setzen und rundherum mit der Buttercreme bestreichen. Alle Fondantfarben ausrollen. Aus dem roten Fondant das Kopftuch und den Mund ausschneiden und auflegen. Aus dem schwarzen Fondant Augenklappe, Schnurrbart und Pupillen ausschneiden, aus dem weißen Fondant mehrere Kreise für Augen und Kopftuch ausstechen. Alle ausgeschnittenen Teile auf den Kuchen legen. Für den Bart aus dem schwarzen Fondant kleine Kügelchen formen. Als Nase das Amarettini verwenden.

3 Für den Clown die Buttercreme mit Lebensmittelfarbe hellrosa färben und den Kuchen damit rundherum bestreichen. Das Marzipan mit Lebensmittelfarbe intensiv rot färben (siehe Tipp Seite 156). Aus etwas Marzipan eine Kugel für die Nase und eine Schnur für den Mund formen. Das restliche rote Marzipan durch eine Kartoffelpresse drücken und als Haare auflegen. Fondant ausrollen und Augen sowie Mund wie auf dem Foto ausschneiden, die Lippen daraufsetzen. Aus dem schwarzen Fondant zwei Streifen schneiden und als Kreuze über die Augen legen.

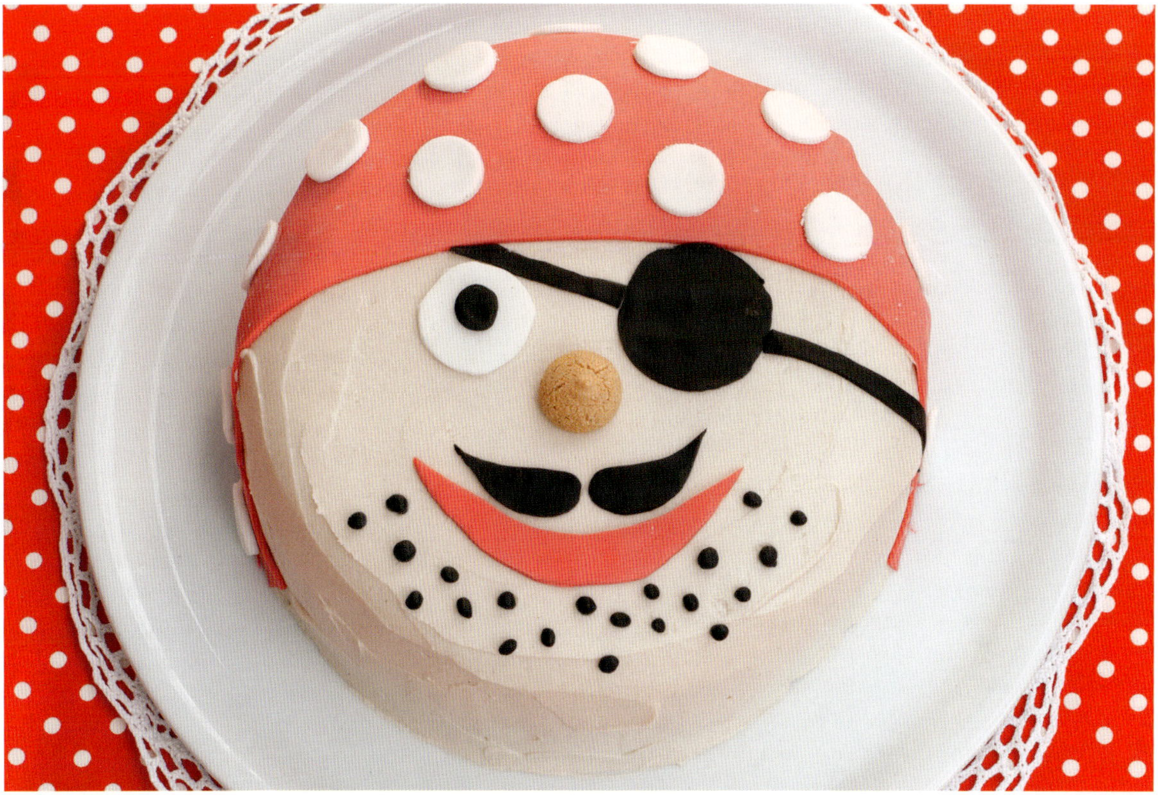

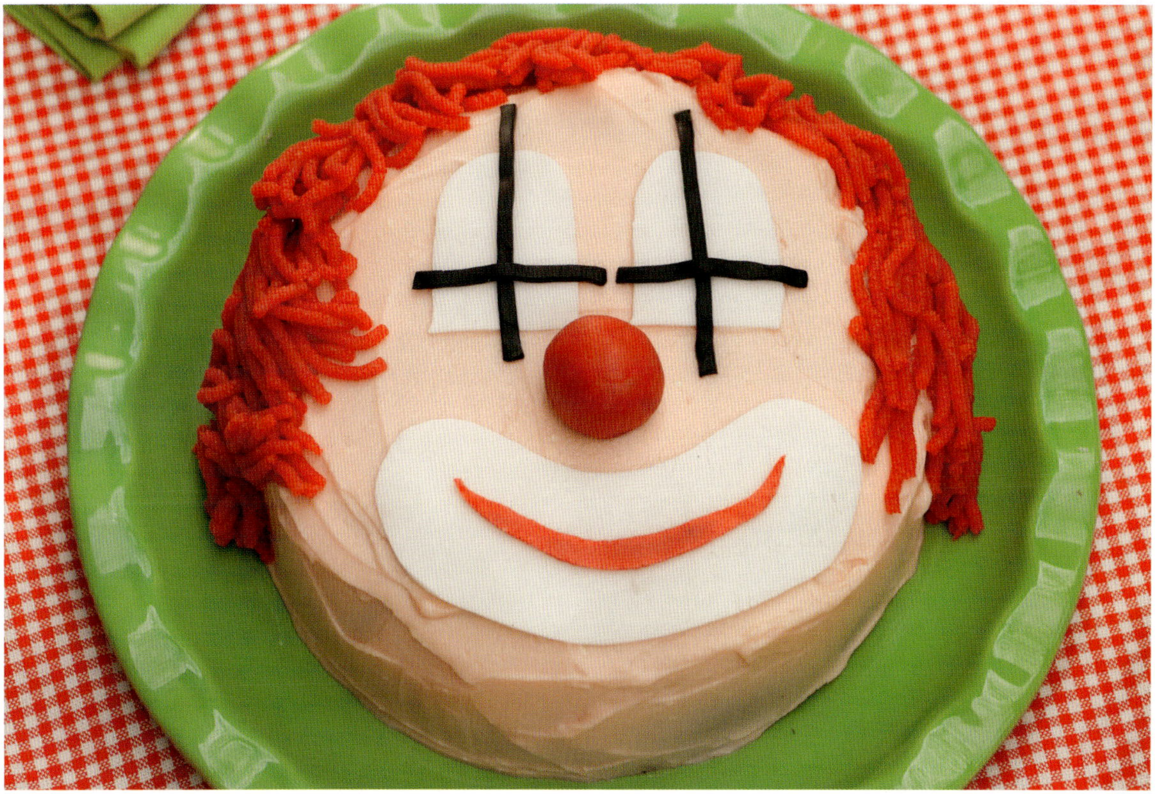

Piratenschiff

1 Kastenform, 24 cm lang

Rührteig
250 g weiche Butter
210 g Zucker
½ TL gemahlene Vanille
5 Eier
350 g Mehl
½ Päckchen Backpulver
¼ TL Salz
120 ml Milch
Butter für die Form

Dekoration
6 Waffelkekse
Vollmilch-Kuchenglasur
2 Kitkat-Viererriegel
10 Mikado-Sticks (Keksstangen
  mit Schokoladenüberzug)
6 rote Smarties
8 Lakritzröllchen
8 Zahnstocher
rote Gummibärchen
rotes Papier
2 lange Holzspieße

1 Den Backofen auf 175 °C Ober-/Unterhitze vorheizen, die Kastenform einfetten. Für den Rührteig Butter, Zucker und Vanille schaumig schlagen. Die Eier einzeln gut einrühren. Mehl, Backpulver und Salz in eine zweite Schüssel sieben und abwechselnd mit der Milch in den Teig rühren, dabei mit der Mehlmischung abschließen. Den Teig in die Form geben und den Kuchen im Ofen auf mittlerer Schiene 1 Stunde backen. Herausnehmen und abkühlen lassen.

2 Den Kuchen oben begradigen. Die Waffelkekse an einem Ende des Kuchens auflegen. Die Glasur nach Packungsanleitung schmelzen und Kuchen und Waffelkekse damit rundherum überziehen. Kitkat in einzelne Riegel teilen und einige als Reling rundherum am Rand aufsetzen. Dann aus den übrigen Riegeln eine Kanone basteln und an den Bug stecken.

3 Die Mikadostangen als Ruder an den Seiten schräg in den Kuchen stecken. Die Smarties als Fenster aufkleben, dabei bei Bedarf mit flüssiger Glasur bestreichen. Die Lakritzröllchen mit Zahnstochern an den Seiten fixieren. Die Gummibärchen als Piraten auf den Kuchen stellen. Zuletzt aus dem Papier Segel schneiden, auf die Holzspieße fädeln und als Segel auf das Schiff stecken.

Tipp: Wer will, kann den Kuchen auf blau gefärbte Frischkäsebuttercreme (Rezept für Buttercreme siehe Seite 143, mit etwas blauer Lebensmittelfarbe verrühren) platzieren. Auf Alufolie wirkt das Schiff aber auch echt.

Barbie-Kuchen

1 Gugelhupfform,
1–1 ½ l Inhalt

Gugelhupf
1 Rezept Rührteig (siehe
   Seite 167)
Butter für die Form

Dekoration
300 g rosa Rollfondant
weiße Zuckerblumen mit silber-
   nen Perlen
weiße Zuckerschrift
1 Barbiepuppe
20 g weißer Rollfondant
weiße Zuckerperlen

1 Für den Gugelhupf den Rührteig in einer gefetteten Gugelhupfform im auf 175 °C Ober-/Unterhitze vorgeheizten Ofen auf mittlerer Schiene 1 Stunde backen. Herausnehmen, kurz abkühlen lassen und aus der Form lösen, dann vollständig abkühlen lassen.

2 Für die Dekoration den rosa Rollfondant zu einem Kreis (30 cm Ø) ausrollen und über den Gugelhupf legen, dabei überall leicht andrücken. Die Zuckerblumen jeweils mit einem Klecks Zuckerschrift rundherum auf dem Fondantrock festkleben.

3 Etwas rosa Rollfondant ausrollen und als Oberteil (Korsage) an den Oberkörper der Barbie drücken. Barbie in die Mitte des Gugelhupfs stellen (bei Bedarf den Kuchen etwas einschneiden). Dann den weißen Rollfondant ausrollen und am unteren Ende des Kleides an legen, ebenso an der Hüfte der Barbie am Übergang zum Kuchen.

4 Für den oberen Rand des Kleides eine Schnur aus weißem Fondant rollen und dort andrücken. Für die Kette eine Schnur aus rosa Fondant formen und eine Zuckerperle in die Mitte setzen. Zuletzt die Zuckerperlen am unteren Rand des Kleides verteilen.

Ritterburg

**2 quadratische Backformen,
à 20 cm Seitenlänge**

Kuchen
1 Rezept Rührteig (siehe
  Seite 167)
Butter für die Form

Dekoration
4 Holzstäbchen
2 Rezepte Buttercreme
  (siehe Seite 143)
1 EL Kakaopulver oder braune
  Lebensmittelfarbe
16 runde Kekse mit Stern
12 Waffelkekse
45 Erfrischungsstäbchen
28 Mikado-Sticks (Keksstangen
  mit Schokoladenüberzug)
6 Doppelkekse
4 Eiswaffeln
250 g Vollmilchschokolade
50 g gehackte Haselnüsse
4 Zahnstocher
buntes Papier

1 Den Rührteig in die beiden gefetteten Backformen geben und im auf 175 °C Ober-/Unterhitze vorgeheizten Ofen auf mittlerer Schiene 35–40 Minuten backen. Herausnehmen, etwas abkühlen lassen und aus der Form nehmen.

2 Beide Kuchen jeweils oben begradigen. Aus beiden Teigquadraten je ein Quadrat (10 × 10 cm) in der Mitte herausschneiden und die entstandenen Ränder übereinanderlegen. Aus den Mittelstücken je vier kleine Quadrate (à 5 × 5 cm) schneiden. Je zwei kleine Quadrate an den Ecken als Türme übereinanderlegen und Holzstäbchen hineinstecken, um sie zu fixieren.

3 Die Buttercreme mit dem Kakao braun färben und den gesamten Kuchen damit bestreichen. Die Sternkekse als Fenster an die Türme kleben, die Waffelkekse als Zinnen auf die Mauern dazwischensetzen. Die Erfrischungsstäbchen rundherum am unteren Rand andrücken. Die Mikadostangen als Kanonen rundherum in die untere Hälfte der Burg stecken.

4 Aus 2 Doppelkeksen und 2 Mikadostangen das Burgtor formen, die übrigen Doppelkekse auf die Türme legen. Die Schokolade über dem heißen Wasserbad schmelzen. Die Eiswaffeln hineintauchen oder mit der flüssigen Schokolade bestreichen. In den Nüssen wälzen und umgedreht auf die Türme setzen. Zuletzt aus Zahnstochern und Papier Fähnchen basteln und in die Türme stecken.

Märchenschloss

**3 quadratische Backformen,
à 20 cm Seitenlänge**

Kuchen
2 Rezepte Rührteig (siehe
   Seite 167)
Butter für die Form

Dekoration
5 Holzstäbchen
2 Rezepte Buttercreme (siehe
   Seite 143)
300 g weiße Schokolade
5 Eiswaffeln
weiße Zuckerperlen
Mini-Marshmallows
8 rote gefüllte Zuckerschnüre
hellrosa Zuckererdbeeren
Zahnstocher
buntes Papier

1 Den Rührteig in die drei gefetteten Backformen geben und im auf 175 °C Ober-/Unterhitze vorgeheizten Ofen auf mittlerer Schiene 45 Minuten backen. Herausnehmen, etwas abkühlen lassen und aus der Form nehmen.

2 Die Böden oben jeweils begradigen und zwei Böden aufeinanderlegen. Aus dem übrigen dritten Boden vier Quadrate (5 × 5 cm) und zwei Kreise (6 cm Ø) schneiden. Je ein kleines Quadrat an den Ecken als Türme auflegen, die Kreise in die Mitte setzen und Holzstäbchen hineinstecken, um sie zu fixieren. Den gesamten Kuchen mit Buttercreme bestreichen.

3 Die weiße Schokolade über dem heißen Wasserbad schmelzen. Die Eiswaffeln hineintauchen oder mit der flüssigen Schokolade bestreichen. Mit den Zuckerperlen bestreuen und umgedreht auf die Türme setzen. Die Marshmallows am unteren Rand des Kuchens, an den Rändern des runden Turms und zwischen den eckigen Türmen festdrücken.

4 Zuckerschnüre an den Kanten der Türme und als Tür andrücken. Die Zuckererdbeeren als Fenster verwenden und am runden Turm rundherum fixieren. Zuletzt aus Zahnstochern und Papier ein Fähnchen basteln und in den mittleren Turm stecken.

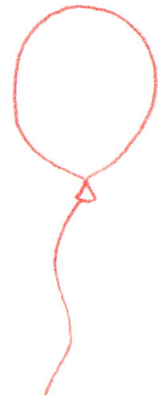

Küken- und Schafmuffins

**1 Spritzbeutel, 10 mm Ø
Lochtülle**

Buttercreme für 12 Muffins
200 g Puderzucker
500 g Frischkäse, zimmerwarm
200 g weiche Butter
½ TL gemahlene Vanille

Küken
12 gebackene Muffins (siehe
  Seite 144)
100 g Kokosraspel
12 Salzstangen
12 ungeschälte Mandeln
1 Lakritzschnecke

Schafe
12 gebackene Muffins (siehe
  Seite 144)
etwa 300 g Mini-Marshmallows
rosa Zuckerschrift
1 Lakritzschnecke

1 Für die Buttercreme den Puderzucker sieben. Den Frischkäse mit der weichen Butter glatt rühren und Puderzucker und Vanille untermischen. (Wenn Sie beide Muffinsorten zubereiten möchten, die doppelte Menge Buttercreme herstellen.)

2 Für die Küken die gebackenen Muffins aus den Papierförmchen nehmen. Rundherum mit der Buttercreme bestreichen und in den Kokosraspeln wälzen. Die Salzstangen in 1–2 cm lange Stücke brechen und als Füße und Kamm in die Muffins drücken. Jeweils 1 Mandel als Schnabel ins Gesicht setzen. Zuletzt von der Lakritzschnecke 2 mm große Stücke abschneiden und als Augen auf die Küken stecken.

3 Für die Schafe die Muffins in den Papierförmchen oben mit Buttercreme bestreichen. Die restliche Buttercreme in den Spritzbeutel füllen und damit einen kleinen Tupfen als Kopf aufspritzen. Rundherum Marshmallows auf der Buttercreme verteilen. Mit Zuckerschrift eine Nase aufspritzen. Zuletzt von der Lakritzschnecke 2 mm große Stücke abschneiden und als Augen auf die Schafe stecken.

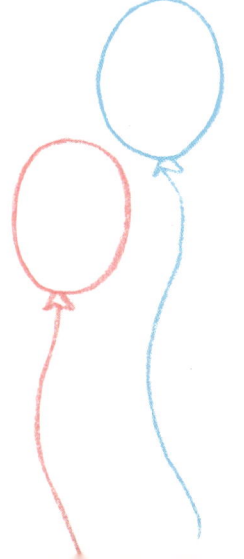

Tipp: Für alle dekorierten Muffins können Sie auch die (Teig-)Rezepte aus dem ersten Kapitel verwenden.

Krümelmonster und Aliens

1 12er-Muffinblech
12 Papierförmchen

Rührteig für 12 Muffins
60 g weiche Butter
140 g Zucker
¼ TL gemahlene Vanille
3 Eier
250 g Mehl
1 ½ gestrichene TL Backpulver
¼ TL Salz
250 ml Buttermilch

Krümelmonster
12 blaue Papierförmchen
1 Rezept Buttercreme
  (siehe Seite 143)
100 g Kokosraspel
blaue Lebensmittelfarbe
50 g Marzipanrohmasse
dunkle Zuckerschrift
12 Mini-Cookies (kleine runde
  Kekse)

Aliens
12 giftgrüne Papierförmchen
1 Rezept Buttercreme
  (siehe Seite 143)
grüne Lebensmittelfarbe
12 Marshmallows
24 Schokokaffeebohnen
3 Lakritzschnecken

1 Für die Muffins den Backofen auf 175 °C Ober-/Unterhitze vorheizen, das Muffinblech mit den Papierförmchen belegen. Für den Rührteig die Butter mit Zucker und Vanille schaumig schlagen. Die Eier einzeln gut unterrühren. Das Mehl mit Backpulver und Salz in eine zweite Schüssel sieben und abwechselnd mit der Buttermilch unter die Eier-Butter-Masse rühren. Dabei mit der Mehlmischung abschließen.

2 Die Papierförmchen jeweils zu zwei Dritteln mit Teig füllen, die Muffins etwa 20 Minuten backen (Gartest, siehe Seite 19). Herausnehmen und abkühlen lassen. (Wenn Sie beide Muffinsorten zubereiten möchten, die doppelte Menge Muffins backen.)

3 Für die Krümelmonster die Muffins in blaue Papierförmchen setzen. Die Buttercreme kuppelförmig auf den Muffins verteilen. Die Kokosraspel mit 1 TL Wasser und Lebensmittelfarbe mischen und blau färben, dann die Muffins darin wälzen. Aus Marzipan kleine Kugeln formen und als Augen oben auf die Muffins drücken. Auf die Augen mit Zuckerschrift einen Punkt als Pupille malen. Zuletzt die Cookies als Mund in die Krümelmonster stecken.

4 Für die Aliens die Muffins in grüne Papierförmchen setzen. Die Buttercreme mit der Lebensmittelfarbe grün färben. Je 1 Marshmallow auf die Muffins setzen und rundherum mit Buttercreme kuppelartig verkleiden, dabei glatt streichen. Je 2 Kaffeebohnen als Augen hineindrücken. Zuletzt von den Lakritzschnecken 2 cm lange Stücke abschneiden und als Antennen auf die Aliens stecken.

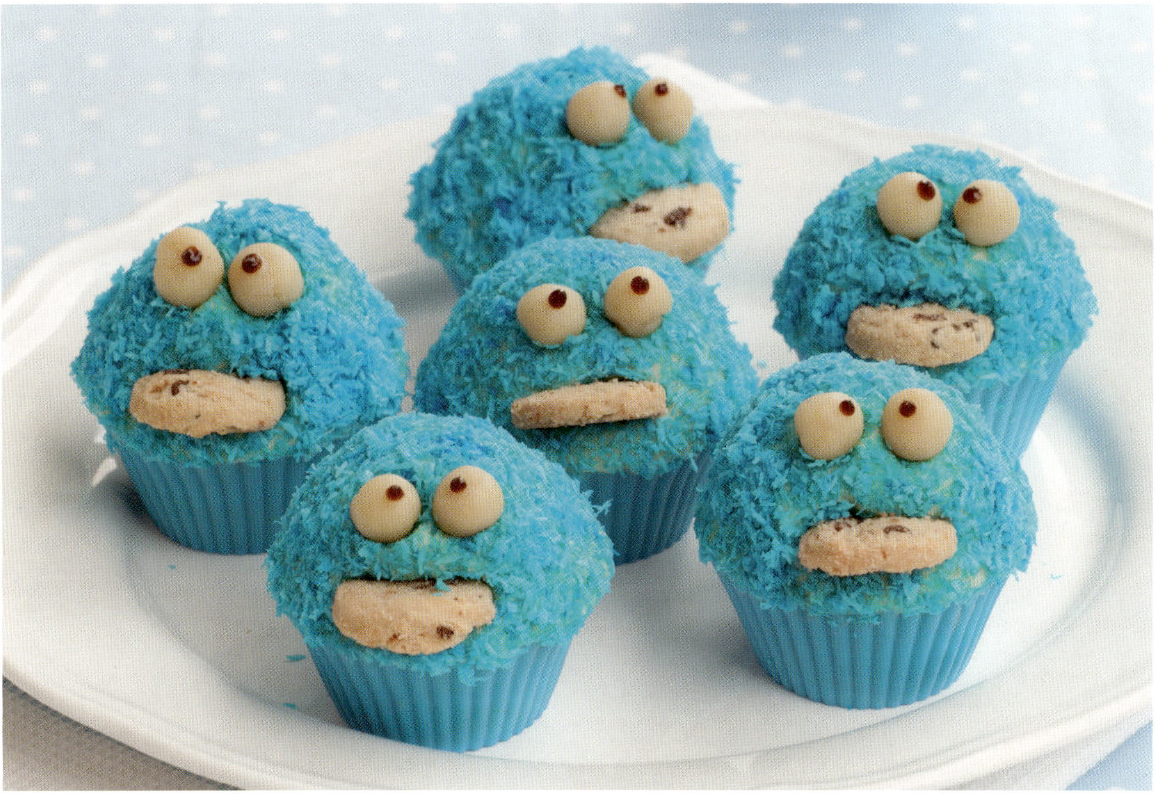

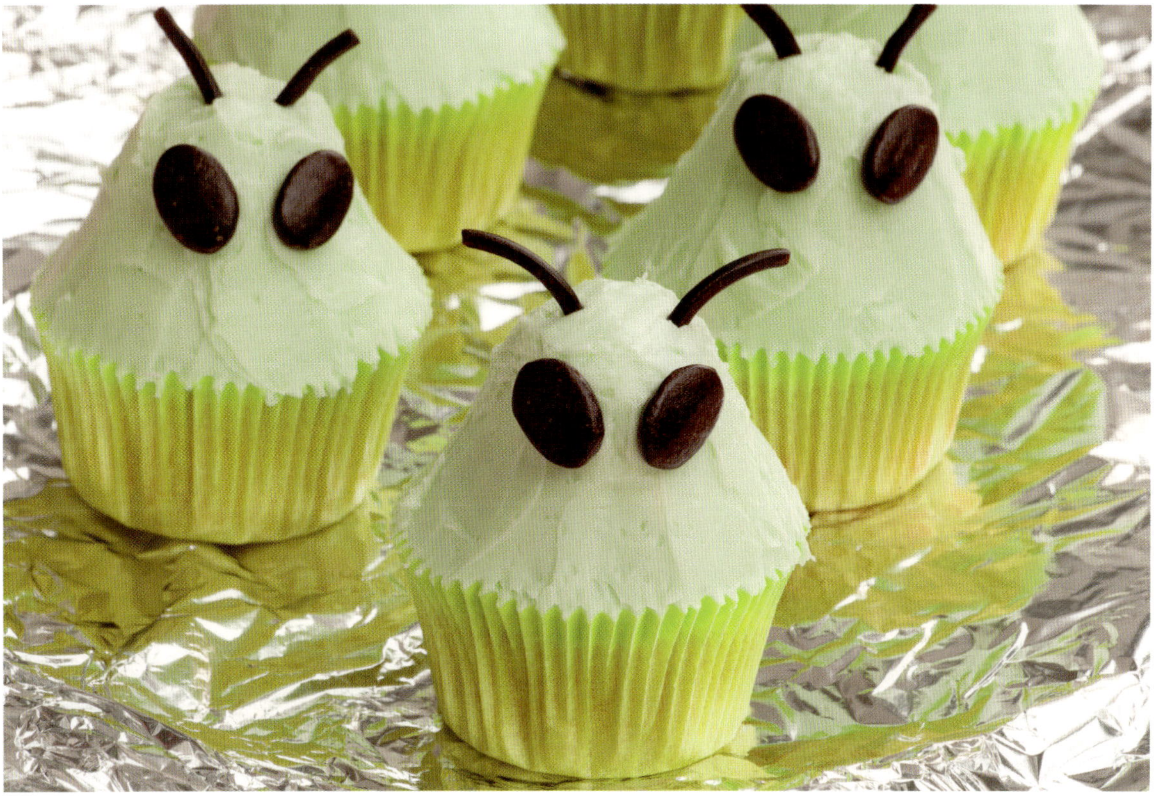

Wilde Gesichter

1 12er-Muffinblech
12 Papierförmchen

Rührteig
60 g weiche Butter
140 g Zucker
¼ TL gemahlene Vanille
3 Eier
250 g Mehl
1 ½ gestrichene TL Backpulver
¼ TL Salz
250 ml Buttermilch

Buttercreme
3 Eiweiß
130 g Zucker
250 g weiche Butter
¼ TL gemahlene Vanille

Dekoration
Cornflakes, Smarties, kleine
  Salzbrezeln, Smacks, Loops,
  Jelly Beans, bunte Schnüre,
  Zuckerperlen, Lakritzschnecken,
  Popcorn, Zuckerwatte, Mini-
  Marshmallows (nach Belieben)

1 Für die Muffins den Backofen auf 175 °C Ober-/Unterhitze vorheizen, das Muffinblech mit den Papierförmchen belegen. Aus den Zutaten wie auf Seite 167 beschrieben einen Rührteig zubereiten. Die Papierförmchen jeweils zu zwei Dritteln mit Teig füllen und die Muffins etwa 20 Minuten backen (Gartest, siehe Seite 19). Herausnehmen und abkühlen lassen.

2 Für die Buttercreme die Eiweiße mit Zucker über dem heißen Wasserbad unter Rühren erwärmen, bis sich der Zucker vollständig aufgelöst hat. Vom Wasserbad nehmen und kalt schlagen. Dann die Butter stückchenweise dazugeben und jedes Stück gut einrühren. Die Vanille ebenfalls unterrühren. Die Creme kann im Kühlschrank etwa 5 Tage aufbewahrt werden. Vor der Verwendung auf Zimmertemperatur bringen und erneut aufschlagen.

3 Für die Gesichter die Muffins oben mit Buttercreme bestreichen und nach Belieben aus den Süßigkeiten Augen, Nase, Mund und Haare daraufsetzen. Der Fantasie sind keine Grenzen gesetzt!

Tipp: Für eine dunkle Buttercreme noch 1 EL Kakaopulver gleichmäßig unter die Buttercreme rühren.

Tiergesichter

Für je 12 Tiermuffins
12 gebackene Muffins (siehe
  Seite 144)
½ Rezept Buttercreme (siehe
  Seite 143)

Katzen
24 grüne Mini-Smarties
24 Lakritzdreiecke
2 Lakritzschnecken
12 rosa Zuckerperlen

Eulen
100 g geröstete Kokosraspel
12 kleine Salzbrezeln
3 Salzstangen
1 Lakritzschnecke

Schweine
rosa Lebensmittelfarbe
6 rosa Marshmallows
je 24 braune und rosa Mini-
  Smarties
24 rosa Zuckererdbeeren

Löwen
100 g geröstete Kokos-Chips
2 Lakritzschnecken
24 Mini-Marshmallows
24 braune Mini-Smarties

Affen
1 EL Kakaopulver
200 g Marzipanrohmasse
2 Lakritzschnecken
24 Mini-Oreo-Kekse

1 Für die Katzen Muffins oben mit Buttercreme bestreichen. Je 2 grüne Smarties als Augen und je 2 Lakritzdreiecke als Ohren eindrücken. Von den Lakritzschnecken 2 cm lange Stücke abschneiden und als Schnurbart auflegen, in die Mitte 1 Zuckerperle setzen.

2 Für die Eulen Muffins oben mit Buttercreme bestreichen und mit Kokosraspeln bestreuen. Von den Brezeln den oberen Teil abbrechen und als Augen auflegen. Salzstangen in 1 cm lange Stücke brechen und als Nase verwenden. Von der Lakritzschnecke 2 mm lange Stücke abschneiden und als Pupillen in die Brezelaugen setzen.

3 Für die Schweine die Buttercreme rosa färben und die Muffins damit oben bestreichen. Die Marshmallows waagerecht halbieren und je 1 Hälfte als Nase auflegen. Die braunen Smarties als Augen verwenden, die rosafarbenen mit etwas Buttercreme bestreichen und als Nasenlöcher auf die Marshmallows drücken. Zuletzt die Zuckererdbeeren als Ohren aufsetzen.

4 Für die Löwen die Muffins oben mit Buttercreme bestreichen. Rundherum am Rand die Kokos-Chips verteilen. Von den Lakritzschnecken 1 cm lange Streifen abschneiden und als Barthaare auflegen. In die Mitte je 2 Marshmallows als Schnauze legen. Die Smarties als Augen verwenden.

5 Für die Affen die Buttercreme mit Kakao braun färben und die Muffins damit oben bestreichen. Marzipan ausrollen, 24 kleine Kreise (1–2 cm Ø) ausschneiden und je 2 als Augen auflegen. Dann 12 größere Kreise (3–4 cm Ø) ausschneiden und als Nase daraufsetzen. Von den Lakritzschnecken 3 mm lange Stücke abschneiden und als Pupillen auf die Augen drücken. Dann von den Lakritzschnecken 1½–3 cm lange Stücke abschneiden und als Nase und Mund auflegen. Zuletzt je 2 Kekse als Ohren andrücken.

Muffins für die Übernachtungsparty

12 pastellfarbene Papierförmchen

Für 12 Muffins
12 gebackene Muffins (siehe
Seite 144)

Buttercreme
5 Eigelb
¼ TL gemahlene Vanille
175 g Zucker
250 g weiche Butter

Dekoration
12 Amarettini
24 bunte Jelly Beans
12 Mini-Marshmallows
100 g Fondant oder Marzipanrohmasse
Lebensmittelfarbe nach Wunsch
12 rosa Zuckerherzen
gelbe, rote und braune Zuckerschrift

1 Für die Buttercreme die Eigelbe mit der Vanille in eine Schüssel füllen. Den Zucker und 50 ml Wasser auf 117 °C erwärmen (siehe Tipp Seite 64) und unter Rühren in das Eigelb gießen. Alles durch ein Sieb in eine weitere Schüssel geben und kalt schlagen. Das geht am besten in der Küchenmaschine. Sobald die Masse Zimmertemperatur erreicht hat, die weiche Butter in Stückchen einrühren.

2 Die Muffins am besten in pastellfarbenen Papierförmchen backen oder nach dem Backen hineinsetzen. Dann die Muffins oben dünn mit Buttercreme bestreichen und je 1 Amarettini an den Rand als Kopf daraufdrücken. Je 2 gleichfarbige Jelly Beans als Füße an das andere Ende setzen. Je 1 Mini-Marshmallow in die Mitte legen.

3 Den Fondant oder die Marzipanmasse nach Belieben mit Lebensmittelfarbe färben (siehe Tipp Seite 156), ausrollen und zwölf Quadrate (etwa 3 × 3 cm Größe) ausschneiden. Die Quadrate als Decke auf die Muffins legen. Aus andersfarbigem Fondant oder Marzipan einen gezackten Rand auf die Decke setzen. Die Zuckerherzen als Münder auflegen. Zuletzt mit der Zuckerschrift Augen und Haare auf die Gesichter malen.

Tipp: Sie können für jedes Rezept, in dem Buttercreme verwendet wird, die Buttercreme nehmen, die Ihnen am besten schmeckt (Rezepte siehe auch Seite 143, 147 und 153).

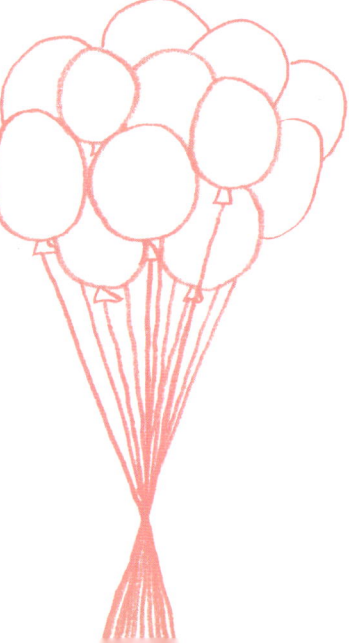

150

Clowns

1 Spritzbeutel, 13 mm Ø
Lochtülle

Für 12 Muffins
12 gebackene Muffins (siehe
 Seite 144)

Buttercreme
500 ml Milch
1 Vanilleschote
160 g Zucker
6 Eigelb
40 g Speisestärke
500 g weiche Butter

Dekoration
Zuckerperlen (Nonpareilles)
bunte Mini-Smarties
1 Lakritzschnecke

1 Für die Buttercreme Milch, Vanilleschote und 80 g Zucker aufkochen. Übrigen Zucker und Eigelbe verrühren, Stärke darübersieben und einrühren. Erst etwas Milch in die Eigelbmischung rühren, dann die restliche Milch langsam einrühren. Alles durch ein Sieb zurück in den Topf geben. Wieder auf den Herd stellen und unter Rühren auf 80–85 °C erhitzen, bis es anfängt einzudicken. Den Pudding vom Herd nehmen und durchrühren, dann nochmals 10–15 Sekunden erhitzen. Vom Herd nehmen und die weiche Butter unterrühren.

2 Aus den Muffins mit einem Messer oben in der Mitte jeweils einen Kegel herausschneiden und für den Hut beiseitestellen. Die Buttercreme in den Spritzbeutel füllen und in das Loch einen großen Tupfen Creme als Kopf aufspritzen.

3 Je 1 kleinen Tupfen Buttercreme als Bommel auf die Hutspitze setzen und die Bommel mit Zuckerperlen bestreuen. Den verzierten Hut jeweils auf den Buttercremekopf setzen. Um den Kopf rundherum Mini-Smarties als Kragen legen, dabei nach Belieben Smarties von einer Farbe oder bunt gemischt verwenden. Jeweils 1 rotes Smartie als Nase in das Gesicht stecken. Zuletzt von der Lakritzschnecke 2 mm lange Stücke abschneiden und als Augen auf die Clowns stecken.

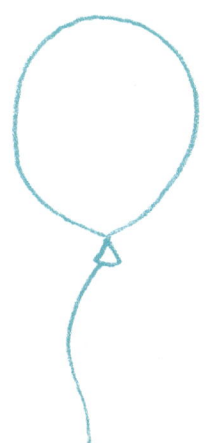

Feen und Hexen

1 Spritzbeutel, 13 mm Ø Lochtülle
12 weiße oder braune Papierförmchen

Für je 12 Muffins
12 Eiswaffeln
Zuckerperlen (Nonpareilles)
12 gebackene Muffins (siehe
    Seite 144)
1 Rezept Buttercreme (siehe
    Seite 143)

Feen
300 g weiße Schokolade
1 Lakritzschnecke
12 rote Zuckerherzen
12 rote Schnüre
1 breite rote Schnur
12 Zahnstocher
rote Zuckerschrift

Hexen
300 g dunkle Schokolade
grüne Lebensmittelfarbe
24 braune Mini-Smarties
rote Schnüre mit weißer Füllung
3 Lakritzschnecken

1 Für die Feen die Muffins in die weißen Förmchen setzen. Die Schokolade über dem heißen Wasserbad schmelzen. Die Eiswaffeln hineintauchen oder mit der flüssigen Schokolade bestreichen. Auf Backpapier setzen und mit Zuckerperlen bestreuen. Schokolade fest werden lassen. Die Buttercreme in den Spritzbeutel füllen und damit auf jeden Muffin einen großen Tupfen als Kopf aufspritzen. Von den Lakritzschnecken 3 mm lange Stücke abschneiden und als Augen eindrücken. Je 1 Herz als Nase auflegen. Die getrockneten Eiswaffeln als Hut aufsetzen und die Schnüre als Rand außen herumlegen. Aus der breiten Schnur Dreiecke von 1 cm Seitenlänge schneiden. Je zwei Dreiecke als Stern auf einem Zahnstocher mit Zuckerschrift zusammenkleben und den Feen als Zauberstab anstecken.

2 Für die Hexen wie bei den Feen die Eiswaffeln mit Schokolade überziehen und mit Zuckerperlen bestreuen. Die Schokolade fest werden lassen. Die Muffins in die braunen Papierförmchen setzen. Die Buttercreme mit Lebensmittelfarbe grün färben, in den Spritzbeutel füllen und jeweils einen großen Tupfen als Kopf aufspritzen. Die getrockneten Eiswaffeln als Hut aufsetzen. Je 2 Smarties als Augen eindrücken. Die roten Schnüre in kleine Stücke schneiden und als Nase hineindrücken. Zuletzt von den Lakritzschnecken 2–3 cm lange Streifen abschneiden und als Haare aufstecken.

Pandabären

1 12er-Muffinblech mit
  9 Papierförmchen
1 24er-Mini-Muffinblech
  mit 9 weißen Mini-Papierförmchen
9 braune Papierförmchen

Rührteig
60 g weiche Butter
140 g Zucker
¼ TL gemahlene Vanille
3 Eier
250 g Mehl
1 ½ gestrichene TL Backpulver
¼ TL Salz
250 ml Buttermilch

Dekoration
½ Rezept Buttercreme (siehe
  Seite 143)
18 Oreo-Kekse
18 Schoko-Loops
braune Zuckerschrift
18 Mini-Oreo-Kekse
27 Zahnstocher
weiße Zuckerschrift (nach
  Belieben)

1 Den Backofen auf 175 °C Ober-/Unterhitze vorheizen. Jeweils 9 Mulden bei beiden Muffinblechen mit passenden Papierförmchen belegen. Für den Rührteig die Butter mit Zucker und Vanille schaumig schlagen. Die Eier einzeln gut unterrühren.

2 Das Mehl mit Backpulver und Salz in eine zweite Schüssel sieben und abwechselnd mit der Buttermilch unterrühren. Dabei mit der Mehlmischung abschließen. Die Papierförmchen jeweils zu zwei Dritteln mit Teig füllen, die Muffins etwa 20 Minuten backen (Gartest, siehe Seite 19, die kleinen Muffins sind evtl. schneller fertig). Herausnehmen und abkühlen lassen.

3 Die großen und kleinen Muffins oben jeweils mit Buttercreme bestreichen. Die großen Muffins in die braunen Papierförmchen setzen. 9 große Oreo-Kekse zerkrümeln und die Krümel auf den großen Muffins verteilen. Restliche große Oreo-Kekse halbieren und als Arme an die Seiten setzen.

4 Die Schoko-Loops als Ohren in die kleinen Muffins drücken und mit der Zuckerschrift Augen und Nase aufmalen. Die kleinen Muffins mit einem Zahnstocher schräg als Kopf auf den großen Muffins fixieren. Die Mini-Oreo-Kekse als Füße mit einem Zahnstocher fixieren. Nach Belieben zuletzt mit etwas weißer Zuckerschrift noch Krallen vorne auf die Arme malen.

Tipp: Zum Färben von Marzipan das Marzipan am besten in der Küchenmaschine mit der Lebensmittelfarbe schnell verrühren. Knetet man es zu lange mit den Händen, trennt sich das Fett und es wird ölig.

Monstermuffins

1 12er-Muffinblech
12 Papierförmchen

Rührteig
60 g weiche Butter
140 g Zucker
¼ TL gemahlene Vanille
3 Eier
250 g Mehl
1 ½ gestrichene TL Backpulver
¼ TL Salz
250 ml Buttermilch

Dekoration
½ Rezept Buttercreme (siehe
   Seite 143)
grüne Lebensmittelfarbe
Mini-Marshmallows, Lakritzschnecken, Tictac, saure
   Johannisbeeren, rote Schnüre
   usw. (nach Belieben)

1 Für die Muffins den Backofen auf 175 °C Ober-/Unterhitze vorheizen, das Muffinblech mit den Papierförmchen belegen. Für den
Rührteig die Butter mit Zucker und Vanille in einer Schüssel mit
den Schneebesen des Handrührgeräts schaumig schlagen. Dann die
Eier einzeln gut unterrühren.

2 Das Mehl mit Backpulver und Salz in eine zweite Schüssel sieben
und abwechselnd mit der Buttermilch unterrühren. Dabei mit der
Mehlmischung abschließen. Die Papierförmchen jeweils zu zwei
Dritteln mit Teig füllen, die Muffins etwa 20 Minuten backen (Gartest,
siehe Seite 19). Herausnehmen und abkühlen lassen.

3 Für die Dekoration die Buttercreme mit Lebensmittelfarbe grün
färben und die Muffins damit oben bestreichen. Aus den Süßigkeiten in Varianten (siehe Fotos) wilde Augen, Nase, Mund und
Haare daraufsetzen.

Indianer und Cowboys

Für je 12 Stück
12 gebackene Muffins (siehe
   Seite 144)
½ Rezept Buttercreme (siehe
   Seite 143)

Indianer
36 braune Cola-Schnüre
1 rote Schnur
12 Tictac
24 Schokokaffeebohnen
2 breite rote Schnüre
12 Federn

Cowboys
24 blaue Smarties
12 gelbe Jelly Beans
je 1 rote und grüne Schnur
braune Zuckerschrift
12 Chips
12 Amarettini
2 grüne breite Schnüre

1 Für die Indianer die gebackenen Muffins oben mit Buttercreme bestreichen. Aus je 3 braunen Schnüren einen Zopf flechten und oben um jedes Muffin als Haare legen. Die rote Schnur in 2–3 cm lange Stücke schneiden und als Mund auflegen. Je 1 Tictac als Nase und 2 Kaffeebohnen als Augen verwenden. Die breiten Schüre in 4 cm lange Stücke schneiden und als Stirnband auflegen. Zuletzt je 1 Feder als Kopfschmuck hineinstecken.

2 Für die Cowboys die gebackenen Muffins oben mit Buttercreme bestreichen. Je 2 Smarties als Augen und je 1 Jelly Bean als Nase verwenden. Die roten Schnüre in 2 cm lange Stücke schneiden und als Mund auflegen. Mit der Zuckerschrift Haare aufmalen. Die Chips leicht schräg als Hut aufsetzen. Die Amarettini mit etwas Buttercreme auf die Hüte kleben und jeweils ein Stück grüne Schnur außen herumlegen. Zuletzt aus den breiten Schnüren Dreiecke schneiden und als Halstuch auf die Muffins legen.

Sonnen und Monde

1 12er-Muffinblech
12 Papierförmchen
Ausstecher in Stern-, Mond-
und Kreisform

Für je 12 Stück
1 Rezept Mürbeteig (siehe
  Seite 166)
12 gebackene Muffins (siehe
  Seite 144)
½ Rezept Buttercreme (siehe
  Seite 143)
Mehl zum Arbeiten

Sonnen
gelbe Lebensmittelfarbe
24 braune Mini-Smarties
braune und weiße Zuckerschrift
gelbe Zuckerperlen

Monde
blaue Lebensmittelfarbe
gelbe Zuckerschrift
Zuckersternchen

1 Für die Sonnen den Backofen auf 180 °C Ober-/Unterhitze vorheizen, das Backblech mit Backpapier belegen. Den Mürbeteig auf der bemehlten Arbeitsfläche ausrollen und Sterne ausstechen. In der Mitte jedes Sterns einen Kreis ausstechen und die Sterne auf das Blech setzen. Die Kekse im Ofen auf mittlerer Schiene 8–10 Minuten backen, herausnehmen und abkühlen lassen.

2 Die Buttercreme mit Lebensmittelfarbe gelb färben und die Muffins damit oben bestreichen. Auf jeden Muffin 1 Sternenkeks setzen. Die Smarties als Sonnenbrille verwenden und mit der braunen Zuckerschrift Brillengestell und Mund malen. Die Zuckerperlen mit der weißen Zuckerschrift an den Zacken der Sterne festkleben.

3 Für die Monde den Backofen auf 180 °C Ober-/Unterhitze vorheizen, das Backblech mit Backpapier belegen. Den Mürbeteig auf der bemehlten Arbeitsfläche ausrollen, Monde ausstechen und auf das Blech setzen. Die Mondkekse im Ofen auf mittlerer Schiene 8–10 Minuten backen, herausnehmen und abkühlen lassen.

4 Die Buttercreme mit Lebensmittelfarbe blau färben und die Muffins damit oben bestreichen. Auf jeden Muffin 1 Mondkeks setzen und mit gelber Zuckerschrift bemalen. Die Zuckersternchen rundherum auf der Buttercreme verteilen.

Anhang:
Basiswissen
Teige & Deko

Mürbeteig

**1 Tarte- oder Springform,
  28 cm Ø**

100 g kalte Butter
50 g Puderzucker
220 g Mehl
1 Prise Salz
1 Ei (Größe S)
Hülsenfrüchte zum Blindbacken

1 Die Butter in Würfel schneiden. Butter, Puderzucker, Mehl und Salz in einer Schüssel mit den Knethaken des Handrührgeräts rasch mischen. Puderzucker eignet sich am besten, weil er sich in der Butter schneller auflöst.

2 Das Ei dazugeben und alles nur so lange weiterrühren, bis ein geschmeidiger Teig entstanden ist. Rührt man Mürbeteig zu lang, wird er zäh. Der Teig soll weich sein, aber nicht klebrig.

3 Ist der Teig zu brüchig, noch 1 EL Milch oder Wasser dazugeben. Ist er zu weich, noch etwas Mehl hinzufügen. Den Teig zu einer Kugel formen und in Frischhaltefolie wickeln. Mindestens 2 Stunden und maximal 4 Tage in den Kühlschrank legen.

4 **Blindbacken:** Den Teig aus dem Kühlschrank nehmen und etwa 20 Minuten Zimmertemperatur annehmen (temperieren) lassen. Den Teig auf etwas Backpapier ausrollen, den Boden der Form darauflegen, Ränder abschneiden, den Boden umdrehen, Backpapier abziehen und den Boden in die Form legen. Aus dem restlichen Teig Rollen formen und am Rand festdrücken. Überstehende Ränder mit einem Messer abschneiden und den Boden mit einer Gabel mehrmals einstechen. (Um das Absacken des Rands beim Backen zu verhindern, am besten die Form 30 Minuten tiefkühlen.)

5 Die Tarte mit Backpapier auslegen und getrocknete Hülsenfrüchte einfüllen, um eine Blasenbildung zu verhindern. Den Boden im vorgeheizten Ofen bei 200 °C Ober-/Unterhitze oder 180 °C Umluft auf mittlerer Schiene 16 Minuten backen.

6 Herausnehmen, die Hülsenfrüchte entfernen und das Papier abziehen. Einen Boden, der nochmals mit einer Füllung gebacken wird, weitere 2 Minuten bei 200 °C backen. Ein Boden, der nach dem Füllen nur gekühlt wird, kommt noch 4–5 Minuten in den Ofen.

Tipp: Sie können die Hülsenfrüchte mehrfach verwenden. Wer oft Tartes backt, kann sich aus einem Bratschlauch einen Sack basteln und die Hülsenfrüchte zum Blindbacken hineinfüllen. So spart man sich das Backpapier und das Entfernen der Hülsenfrüchte ist einfacher.

Rührteig

1 Kastenform, 1 ½ l Inhalt

250 g weiche Butter
200 g Zucker
¼ TL gemahlene Vanille
5 Eier
350 g Mehl
½ Päckchen Backpulver
1 Prise Salz
120 ml Milch

1 Den Backofen auf 175 °C Ober-/Unterhitze vorheizen, die Form einfetten. Butter, Zucker und Vanille in einer Schüssel mit den Schneebesen des Handrührgeräts schaumig schlagen.

2 Die Eier einzeln gut einrühren, jedes Ei etwa 30 Sekunden. Das Mehl mit Backpulver und Salz in eine zweite Schüssel sieben und abwechselnd mit der Milch in den Teig rühren. Dabei mit der Mehlmischung abschließen.

3 Den Teig in die Form geben und im Ofen auf mittlerer Schiene 50–60 Minuten backen (Garprobe, siehe Tipp Seite 19). Den Kuchen herausnehmen, 10 Minuten abkühlen lassen und die Form entfernen. Den Kuchen auf einem Gitter vollständig abkühlen lassen.

4 Der gerührte Teig sollte sofort gebacken werden, sonst geht er beim Backen nicht richtig auf. Das liegt am Backpulver, welches Rührteige als Treibmittel enthalten. Diese Treibmittel beginnen zu arbeiten, sobald sie mit Flüssigkeit und Hitze in Berührung kommen.

Tipp: Bei Rührkuchen sollten alle Zutaten Zimmertemperatur haben, denn nur so können sie sich optimal miteinander verbinden. Außerdem kommt dann mehr Luft in den Teig und er geht beim Backen besser auf.

Biskuitmasse

1 Springform, 26 cm Ø

50 g Butter
150 g Mehl
5 Eier
1 Eigelb
150 g Zucker
¼ TL gemahlene Vanille
1 Prise Salz
Butter für die Form

1 Den Backofen auf 180 °C Ober-/Unterhitze vorheizen, Boden der Springform einfetten. Die Butter zerlassen, falls die Biskuitmasse mit Butter zubereitet wird. Das Mehl in eine Schüssel sieben. Die Eier trennen (manche Biskuits werden mit ganzen Eiern zubereitet).

2 Die Eigelbe mit der Hälfte des Zuckers und der Vanille in einer Schüssel mit den Schneebesen des Handrührgeräts schaumig schlagen. Die Eiweiße mit dem Salz steif schlagen, dabei den restlichen Zucker einrieseln lassen und weiterschlagen, bis ein fester, glänzender Eischnee entstanden ist.

3 Das Mehl und ein Drittel des Eischnees mit dem Schneebesen unter die Eigelbmasse heben. Dann die zerlassene Butter in dünnem Strahl dazugeben und untermischen. Den restlichen Eischnee vorsichtig mit dem Teigspatel unterheben. (Wichtig ist, dass Sie den Eischnee sofort unterheben, sonst setzt sich unten Flüssigkeit ab und der Biskuit fällt leicht zusammen.)

4 Die Biskuitmasse in die Form geben, falls nötig, glatt streichen und im Ofen auf mittlerer Schiene 20 Minuten backen. Herausnehmen und abkühlen lassen, dann aus der Springform lösen.

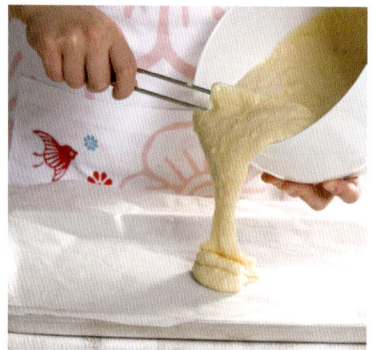

Tipp: Besonders stabil wird die Masse beim Wiener Biskuit (siehe z. B. Seite 57), wenn Sie die Eiermischung über dem heißen Wasserbad unter Rühren auf 60–65 °C erwärmen, dann vom Wasserbad nehmen und kalt aufschlagen. Erst nach dem Kaltschlagen gesiebtes Mehl, Vanille und Salz unterheben.

Hefeteig

500 g Mehl
1 Würfel frische Hefe (42 g)
150 ml lauwarme Milch
60 g Butter
1 Ei
120 g Zucker
1 Msp. gemahlene Vanille
1 Prise Salz

1 Das Mehl in eine Schüssel geben und eine Mulde in die Mitte drücken. Die Hefe hineinbröckeln und die Milch darübergießen. Mit etwas Mehl vom Rand zu einem Vorteig verrühren, bis die Hefe sich aufgelöst hat. An einem warmen Ort mit einem sauberen Küchentuch abgedeckt 15 Minuten gehen lassen.

2 Die Butter zerlassen. Dann Ei, Zucker, zerlassene Butter, Vanille und Salz zum Vorteig geben. Alles mit den Knethaken des Handrührgeräts oder der Küchenmaschine zu einem geschmeidigen Teig kneten. Je länger geknetet wird, desto besser geht der Teig auf. Wenn sich der Hefeteig beim Kneten vom Schüsselrand löst, ist er fertig. Rühren Sie lieber länger als zu kurz. Nach meiner Erfahrung geht der Teig besser, wenn er länger gerührt wurde.

3 Zugedeckt an einem warmen Ort 1–2 Stunden gehen lassen, der Teig sollte dabei sein Volumen verdoppeln. Während der Verarbeitung und vor allem während des Gehens sollte jede Zugluft vermieden werden. Deshalb den Teig an den wärmsten Ort im Haus oder in den nur leicht temperierten Backofen stellen.

4 Den Teig erneut mit den Händen durchkneten, nach Wunsch belegen oder füllen und in der Form oder auf dem Blech vor dem Backen nochmals zugedeckt 20 Minuten gehen lassen.

Tipp: Trockenhefe eignet sich genauso gut wie frische Hefe. Faustregel: 1 Päckchen Trockenhefe entspricht in etwa 25 g Frischhefe. Bei Trockenhefe rührt man keinen Vorteig an, sondern mischt sofort alle Zutaten.

Üppige Pracht

Geburtstagskuchen sollen die oder den Beschenkten erfreuen – daher, je üppiger die Dekoration, umso schöner! Ihrer Fantasie sind beim Dekorieren keine Grenzen gesetzt. Seien Sie ruhig einmal mutig! Bei den einzelnen Rezepten gebe ich Anregungen und Anleitung für die Garnitur, die Sie jedoch beliebig variieren und abändern können – vielleicht auch passend zu den Vorlieben des Geburtstagskindes. Hier die wichtigsten Deko-Ideen auf einen Blick:

Marzipanrohmasse

Will man einen Kuchen und vor allem eine Torte eindrucksvoll dekorieren, verwendet man meist Marzipan, denn es ist gut formbar, lässt sich mit Lebensmittelfarbe leicht färben und ganz einfach zu Figuren oder Blumen weiterverarbeiten.

Fondant

Fondant ist eine Zuckermasse, die es vor allem als Rollfondant in allen Farben fertig zu kaufen gibt. Von der Konsistenz her eignet sich Fondant für Überzüge oder Figuren ebenso gut wie Marzipanrohmasse, schmeckt aber einfach nur süß.

Schokolade

Um schnell einen Kuchen zu verschönern, kann man geraspelte Schokolade auf den Kuchen streuen. Ich schäle dafür von einem Riegel Schokolade dünne Raspeln mit einem Sparschäler ab.
Gekühlt kann man die Schokolade übrigens besser verarbeiten, dann können Sie sogar Schokolade mit Füllung raspeln.
Besonders praktisch: Die Geschmacksrichtung der Schokolade lässt sich so auf den Kuchen abstimmen, also für Espressokuchen Kaffeeschokolade und für Nusskuchen Nussschokolade verwenden.
Etwas komplizierter wird es, wenn man Schokolade oder Kuvertüre schmilzt, um damit das Gebäck zu verzieren oder zu überziehen. Aber die Mehrarbeit lohnt sich in den meisten Fällen. Sie können die flüssige Schokolade in Formen gießen oder in einen Spritzbeutel füllen, dunkle mit heller Schokolade marmorieren und vieles mehr.
Toll sind auch Schokodekormassen, die man mithilfe von Schablonen auf Kuchen auftupft.

Früchte und Blüten

Früchte – roh oder mit Zuckerkruste – sehen auf Torten sehr schön aus. Dazu die Früchte erst in Eiweiß, dann in Zucker wälzen. Toll wirken auch essbare Blüten wie Gänseblümchen, Holunder, Jasmin, Lavendel, Korn- und Ringelblumen, Rosen, Schafgarbe, Schlüsselblumen, Stiefmütterchen oder Veilchen ... Aber Vorsicht: Bitte verwenden Sie nur Blüten, bei denen Sie sich ganz sicher sind. Denn viele Gartenblumen wie der Fingerhut sind giftig.
Mein Tipp: bunte Strohhalme in den Kuchen stecken und als Blumenhalter verwenden.

Für Eilige

Im Handel erhalten Sie zudem ein breites Sortiment an fertiger Schokogarnitur, Marzipan- und Zuckerfiguren. Mit etwas Fantasie können Sie auch einfach und schnell aus fertigen Süßigkeiten wie Bonbons oder Pralinen eine schöne Verzierung zaubern. Nicht zu vergessen sind die klassischen Liebesperlen, Nonpareilles und Zuckerperlen.

Happy birthday

Zu guter Letzt gehört auf jeden Geburtstagskuchen eine Kerze. Auch hier ist die Auswahl groß: Kerzen in Zahlenform oder als Happy-birthday-Schriftzug, viele kleine Kerzen oder eine große, klassisch aus Wachs oder auch mal selbst gebacken aus Mürbeteig. Sehr feierlich sehen auch farblich passende Satinschleifen aus, die man um den Kuchen oder kleine Kerzen bindet.
Und Sie können natürlich den Kuchen mit allem verzieren, was ihn noch schöner macht: kleine Fähnchen und Mini-Luftballons, bunte Papiermanschetten für Muffins oder nette Spruchbänder.

Tortenschachtel

**Für 1 Torte oder 1 Kuchen,
20 cm Ø oder für mehrere
Muffins**

4 Farbkartons DIN-A4
1 quadratischer Farbkarton
    30½ cm Seitenlänge (entspricht
    12 × 12" Scrapbook-Papier)
4 quadratische Motivpapiere
    30½ cm Seitenlänge (entspricht
    12 × 12" Scrapbook-Papier)
Schere oder Schneidbrett
Klebestift oder -maus
doppelseitiges Klebeband,
    6–7 mm Breite
Lineal und Bleistift oder Falzbrett

1 Für den Boden den großen DIN-A4-Farbkarton zu einem Quadrat von 25 cm Seitenlänge schneiden. Für die Seitenteile die 4 DIN-A4-Farbkartons jeweils in ein Rechteck (25 × 18 cm) schneiden. Bei allen Seitenteilen entlang der langen Seite bei 1 cm eine Linie zeichnen und den Karton dort falten, sodass eine schmale Lasche entsteht. Auf die Lasche doppelseitiges Klebeband kleben.

2 Aus den 2 Motivpapieren je ein Rechteck (23 × 10½ cm) ausschneiden (aus 1 Motivpapier erhält man 2 Rechtecke). Die Seitenteile von unten an den Boden kleben, sodass eine Form entsteht, die wie ein Kreuz aussieht. Die Schachtel umdrehen und die Seitenteile mit dem zugeschnittenen Motivpapier bekleben.

3 Die restlichen 2 Motivpapiere zu einem Deckel verarbeiten: Aus einem Bogen ein Quadrat von 25 cm Seitenlänge ausschneiden. Aus dem zweiten Bogen zwei Streifen (30 × 6 cm) und zwei Streifen (25 × 6 cm) ausschneiden. Bei allen vier Streifen eine Linie entlang der langen Seite im Abstand von 1 cm zur Schnittkante aufzeichnen oder falzen. Dann bei den längeren Streifen noch jeweils entlang der kurzen Seite im Abstand von 2½ cm zur Schnittkante aufzeichnen oder falzen.

4 Alle gezeichneten bzw. gefalzten Linien umknicken: Bei den langen Streifen erhält man an zwei Ecken einen kurzen Knick von 1 cm. Diesen einschneiden und mit einem Tupfen Kleber 90 Grad »um die Ecke« kleben (wenn die lange Seite auf dem Tisch liegt, sollten nun zwei kleine Laschen von 2½ cm Breite nach oben zeigen).

5 Danach die 25 cm langen Streifen an die entstandenen Laschen kleben – der Rahmen für den Deckel ist fertig. Zuletzt entlang der Kanten des großen Quadrates aus Motivpapier den Rahmen aufkleben.

Tipp: Um die Schachtel zu schließen, auf halber Höhe eine Schnur um das Unterteil binden. So lässt sich der Deckel ganz einfach aufsetzen und die Schachtel mit einem schönen Geschenkband verschließen. Als Letztes die Hilfsschnur entfernen – und voilà: Der Geburtstagskuchen ist fertig fürs Geburtstagsfest!

Register

A

Alhambra-Kuchen 109
Aliens 144
Apfel
  Apfel-Cupcakes 16
  Gefüllte Buchteln (Variante) 93
  Käsekuchentorte mit Apfel und
    Zimt 116
Aprikosenkuchen mit Lavendel 32

B

Baba klassisch 75
Bananen
  Bananentorte mit Schokoladen-
    creme 125
  Erdbeer-Bananen-Torte 86
Barbie-Kuchen 136
Beeren-Pie 85
Birnentorte mit Mascarpone 119
Biskuit
  Biskuitmasse (Grundrezept) 168
  Mojito-Biskuitrolle 57
Blätterteig
  Pithiviers – gedeckter Blätter-
    teigkuchen 44
Blaubeerkuchen mit Zimt-
  streuseln 31
Blumenwiese 20
Brandteig
  Brandteigkranz 106
  Saint-Honoré-Kuchen 76
Brombeeren
  Beeren-Pie 85
  Brombeerkäsekuchen ohne
    Backen 38
Bröselboden
  Brombeerkäsekuchen ohne
    Backen 38
  Cheesecake mit weißer Schoko-
    lade 53
  Kokostorte »Coco Rouge« 112
  Oreo-Cheesecake 50
  Pannacotta-Torte 68
  Quarktorte mit Orangen 115
Brownie-Kuchen 47
Buchteln, gefüllte 93

C/D

Casino-Kuppeltorte 102
Charlotte Mango 110

Cheesecake
  Cheesecake mit weißer Schoko-
    lade 53
  Oreo-Cheesecake 50
Clowngesicht 132
Clowns 153
Cowboys 160
Cupcakes
  Apfel-Cupcakes 16
  Riesen-Cupcake 105
  Rübli-Cupcakes 10
  Zitronen-Cupcakes 15
Dattelkuchen mit Frischkäse-
  creme 37
Dekoration 169

E/F/G

Engadiner Nusstorte 89
Erdbeeren
  Erdbeer-Bananen-Torte 86
  Kokostorte »Coco Rouge« 112
Feen 155
Frischkäse
  Dattelkuchen mit Frischkäse-
    creme 37
  Frischkäsebuttercreme 143
Früchte
  Baba klassisch 75
  Charlotte Mango 110
  Fruchttartelettes mit Streuseln 23
  Kuppeltorte mit Früchten 67
Gefüllte Buchteln 93
Gelatine (Tipp) 68
Glukosesirup (Tipp) 58
Gugelhupf
  Baba klassisch 75
  Barbie-Kuchen 136
  Schneller Marmorgugelhupf 48

H/I/J

Hefeteig (Grundrezept) 169
Hexen 155
Himbeeren
  Himbeertarte mit Passions-
    früchten 97
  Himbeertorte 101
  Pannacotta-Torte 68
Indianer 160
Johannisbeeren
  Johannisbeergeleetarte mit
    weißer Schokolade 90

  Macarons-Torte mit Johannis-
    beeren 129
  Schnelle Johannisbeertarte 35

K/L

Karamell
  Karamell-Schoko-Tarte 80
  Karamelltorte 63
  Käsekuchen-Muffins mit
    Karamell 25
Käsekuchen
  Brombeerkäsekuchen ohne
    Backen 38
  Cheesecake mit weißer Schoko-
    lade 53
  Käsekuchen-Muffins mit
    Karamell 25
  Käsekuchentorte mit Apfel und
    Zimt 116
  Oreo-Cheesecake 50
Kirschen
  Kirschstreuselkuchen 71
  Mini-Mandelmuffins 19
  Schwarzwälder Kirschtorte 126
Kokos
  Kokoskuchen mit Lemoncurd 61
  Kokostorte »Coco Rouge« 112
  Krümelmonster 144
  Kükenmuffins 143
  Mango-Milchreis-Tarte 98
  Tiergesichter 148
  Krümelmonster 144
  Kükenmuffins 143
Kuppeltorte
  Casino-Kuppeltorte 102
  Kuppeltorte mit Früchten 67
Lavendel
  Aprikosenkuchen mit Lavendel
    32
Lemoncurd
  Kokoskuchen mit Lemoncurd 61
  Zitronen-Cupcakes 15

M

Macarons-Torte mit Johannis-
  beeren 129
Mandeln
  Brandteigkranz 106
  Cheesecake mit weißer Schoko-
    lade 53
  Fruchttartelettes mit Streuseln 23

Kokostorte »Coco Rouge« 112
Kükenmuffins 143
Kuppeltorte mit Früchten 67
Mini-Mandelmuffins 19
Pithiviers – gedeckter Blätter-
 teigkuchen 44
Schneller Zwetschgenkuchen 28
Schokoladen-Mandel-Torte 122
Schoko-Vanille-Mandelkuchen 58

Mango
Charlotte Mango 110
Mango-Milchreis-Tarte 98
Märchenschloss 140
Marmorgugelhupf, schneller 48

Mascarpone
Birnentorte mit Mascarpone 119
Himbeertorte 101
Macarons-Torte mit Johannis-
 beeren 129
Tiramisu-Torte 64

Milchreis
Mango-Milchreis-Tarte 98
Mini-Mandelmuffins 19
Mini-Schokomuffins als Zahl 12
Mojito-Biskuitrolle 57
Monde 163
Monstermuffins 159

Muffins
Aliens 144
Clowns 153
Cowboys 160
Feen 155
Hexen 155
Indianer 160
Käsekuchen-Muffins mit
 Karamell 25
Krümelmonster 144
Kükenmuffins 143
Mini-Mandelmuffins 19
Mini-Schokomuffins als Zahl 12
Monde 163
Monstermuffins 159
Muffins für die Übernachtungs-
 party 150
Pandabären 156
Schafmuffins 143
Sonnen 163
Tiergesichter 148
Wilde Gesichter 147
Mürbeteig (Grundrezept) 166

N

Nussbiskuit
Alhambra-Kuchen 109
Käsekuchentorte mit Apfel und
 Zimt 116

Quarktorte mit Orangen 115

Nüsse
Alhambra-Kuchen 109
Apfel-Cupcakes 16
Brombeerkäsekuchen ohne
 Backen 38
Brownie-Kuchen 47
Engadiner Nusstorte 89
Karamell-Schoko-Tarte 80
Käsekuchentorte mit Apfel und
 Zimt 116
Nusszopf in Zahlenform 43
Quarktorte mit Orangen 115
Riesen-Cupcake 105
Ritterburg 139
Rübli-Cupcakes 10

O/P/Q

Orangen
Quarktorte mit Orangen 115
Oreo-Cheesecake 50
Pandabären 156
Pannacotta-Torte 68

Passionsfrüchte
Himbeertarte mit Passionsfrüch-
 ten 97
Piratengesicht 132
Piratenschiff 135
Pithiviers – gedeckter Blätter-
 teigkuchen 44

Pudding
Clowns 153
Kirschstreuselkuchen 71
Zimtschnecken-Kuchen mit
 Puddingfüllung 72
Quarktorte mit Orangen 115

R/S

Riesen-Cupcake 105
Ritterburg 139
Rübli-Cupcakes 10
Rührteig (Grundrezept) 167
Saint-Honoré-Kuchen 76
Schafmuffins 143

Schnecken (Hefeteig)
Schneckenkuchen 41
Zimtschnecken-Kuchen mit
 Puddingfüllung 72
Schnelle Johannisbeertarte 35
Schnelle Schokoladentorte 83
Schneller Marmorgugelhupf 48
Schneller Zwetschgenkuchen 28

Schokolade
Bananentorte mit Schokoladencreme 125

Cheesecake mit weißer Schoko-
 lade 53
Johannisbeergeleetarte mit
 weißer Schokolade 90
Karamell-Schoko-Tarte 80
Mini-Schokomuffins als Zahl 12
Schnelle Schokoladentorte 83
Schokoladen-Mandel-Torte 122
Schoko-Vanille-Mandelkuchen
 58
Schwarzwälder Kirschtorte 126
Shades of Pink 120
Sonnen 163

Streusel
Blaubeerkuchen mit Zimt-
 streuseln 31
Fruchttartelettes mit Streuseln
 23
Kirschstreuselkuchen 71

T

Tarte
Schnelle Johannisbeertarte 35

Tartelettes
Fruchttartelettes mit Streuseln
 23
Tiergesichter 148
Tiramisu-Torte 64
Tortenschachtel (Anleitung) 170

W

Wiener Biskuit
Bananentorte mit Schokoladen-
 creme 125
Casino-Kuppeltorte 102
Himbeertorte 101
Macarons-Torte mit Johannis-
 beeren 129
Mojito-Biskuitrolle 57
Schwarzwälder Kirschtorte 126
Wilde Gesichter 147

Z

Zimtschnecken-Kuchen mit
 Puddingfüllung 72

Zitronen
Zitronen-Cupcakes 15
Zitronentarte 79

Zwetschgen
Fruchttartelettes mit Streuseln 23
Gefüllte Buchteln 93
Schneller Zwetschgenkuchen 28

Impressum

© Dorling Kindersley Verlag GmbH, München, 2015
Ein Unternehmen der Penguin Random House Group
Alle Rechte vorbehalten

Text und Fotografie Annik Wecker
Foto Seite 2 Thomas Karsten
Lektorat Kathrin Gritschneder
**Cover-/Innengestaltung, Typografie,
Illustration und Realisation** Silke Klemt

Für den DK Verlag:
Programmleitung Monika Schlitzer
Projektbetreuung Sarah Weiß
Herstellungsleitung Dorothee Whittaker
Herstellung Christine Rühmer
Herstellungskoordination Arnika Marx

ISBN 978-3-8310-2743-9

Repro Farbsatz, Neuried
Druck und Bindung Leo Paper Products, China

Besuchen Sie uns im Internet
www.dorlingkindersley.de

Hinweis
Die Informationen und Ratschläge in diesem Buch sind von
der Autorin und vom Verlag sorgfältig erwogen und geprüft,
dennoch kann eine Garantie nicht übernommen werden.
Eine Haftung der Autorin bzw. des Verlags und seiner Be-
auftragten für Personen-, Sach- und Vermögensschäden
ist ausgeschlossen.

Information zu den Rezepten
Sofern nicht anders angegeben, wurden immer
Bio-Eier der Größe L verwendet.